La pâtisserie pour diabétiques, c'est permis !

Avertissement

Les conseils et recommandations présentés dans ce livre ne remplacent pas une consultation médicale. En cas de troubles de la santé, consultez un médecin.

Glucides

=

1 yaourt nature non sucré

Pour des raisons de lisibilité, nous avons choisi d'écrire les marques déposées avec une majuscule, sans les faire suivre du sigle ™.

Annabelle Orsatelli

La pâtisserie pour diabétiques, c'est permis !

Photographies de Charlotte Jacquet
Stylisme de Julie Schwob

Albin Michel

Sommaire

Préface

Le nombre de diabétiques augmente chaque année : on ne redira donc jamais assez combien il est important pour ces personnes de veiller à avoir une alimentation équilibrée qui prenne en compte cette maladie grave et contraignante.

Passionnée de pâtisserie, Annabelle Orsatelli a élaboré avec beaucoup de rigueur et d'intelligence de nombreuses recettes aussi variées que délicieuses pour combler la gourmandise de son époux diabétique. En les publiant, elle permet au plus grand nombre de bénéficier du résultat de ses observations.

Ainsi, en pâtissière exigeante, Annabelle Orsatelli a multiplié les essais culinaires, en substituant aux ingrédients habituels des produits à l'index glycémique faible, jusqu'à retrouver les textures et les saveurs des pâtisseries originales. Elle a mené ces recherches avec sérieux, aidée d'un ami chimiste qui l'a poussée à comprendre les propriétés physico-chimiques de chaque ingrédient. En parallèle, avec son époux, psychologue clinicien et diabétique de type 1 (c'est-à-dire dépendant d'injections d'insuline), ils ont établi un protocole de test sur la glycémie afin de confirmer, au-delà du calcul des charges glycémiques, que les pâtisseries proposées ici n'entraînaient pas d'élévation importante de la glycémie.

En effet, l'index glycémique est une mesure qui varie de 0 à 100 (100 pour le sucre pur). Il permet de classer les aliments contenant des glucides selon leur capacité à augmenter le taux de glycémie dans le sang. Plus l'index glycémique est élevé, plus la glycémie va monter. Si nous combinons alors une faible quantité de glucides (les recettes de cet ouvrage contiennent des quantités de glucides comprises entre 4 et 7 g par portion hors substituts du sucre) à des produits à l'index glycémique bas, nous obtenons une pâtisserie dont la consommation ne produit pas de pic d'hyperglycémie.

Annabelle Orsatelli a eu recours à des farines à l'index glycémique bas (coco, lupin) combinées à de la farine de blé dosée avec précision, à des polyols et à des édulcorants. Voici d'ailleurs quelques informations à connaître concernant certains des produits utilisés dans le livre :

La farine de lupin

Jusque dans les années 1990, le lupin était réservé à l'alimentation du bétail. Cette plante fourragère de la famille des légumineuses est arrivée dans nos assiettes il y a une dizaine d'années.

Son index glycémique est bas (il est de 15). En revanche, elle a un pouvoir allergisant qui peut entraîner des troubles digestifs et être à l'origine de réactions croisées. Il faut savoir que 5 % des personnes allergiques à l'arachide sont réactives à d'autres légumineuses.

La farine de coco

Son index glycémique est de 35. Elle est obtenue après broyage et extraction de l'huile de noix de coco. Elle ne contient pas de gluten et elle est riche en fibres.

Le Tagatesse

C'est un édulcorant à base de tagatose (édulcorant 100 % naturel fabriqué à partir du lait) et d'isomalt (de la famille des polyols). Le Tagatesse a un pouvoir sucrant 2,5 fois plus élevé que le sucre et son index glycémique est très faible (entre 7 et 8), ce qui le rend particulièrement adapté aux diabétiques. Il ne craint pas la chaleur et peut donc être intégré à tout type de recettes chaudes ou froides.

Le xylitol

C'est un polyol extrait de l'écorce de bouleau, à l'index glycémique faible, 40 % moins calorique que le sucre blanc.

L'isomalt

Malgré un index glycémique relativement bas (8), il présente un intérêt à nuancer pour le diabète lorsqu'il est utilisé seul puisque son pouvoir sucrant est inférieur au sucre avec un coefficient de 0,9. Cependant, dans cet ouvrage, il est uniquement utilisé pour ses effets de texture et non pour son pouvoir sucrant.

Le maltitol

On le trouve dans certaines recettes chocolatées du livre, puisque la plupart des chocolats édulcorés du commerce en contiennent. Cependant, son index glycémique (autour de 40) et son pouvoir sucrant (coefficient aux alentours de 1) en font un polyol dont l'intérêt pour le diabète pourrait se discuter. Là encore, le sérieux de la recherche menée par Annabelle Orsatelli l'a poussée à proposer des recettes de chocolats maison à base de Tagatesse et de xylitol pour apporter à ceux qui le souhaiteraient une alternative au maltitol.

Il semble donc que, désormais, manger un gâteau sans culpabiliser, sans risquer un pic d'hyperglycémie, ne soit plus du domaine de l'impossible pour un diabétique. Annabelle Orsatelli s'attelle à nous le démontrer dans ces pages dans lesquelles on perçoit bien le désir de « prendre soin » des personnes diabétiques.

Dr Franck Senninger, médecin nutritionniste

Avant-propos

J'aime pâtisser ! Nous aimons pâtisser ! Quelle satisfaction, en effet, de créer, transformer des matières premières qui, en un tour de main, donneront au final une explosion de plaisir pour la vue comme pour le palais.

Parfois le souffle se coupe, au moment d'une cuisson ou d'un dressage complexe : nous sommes alors pris d'une montée d'adrénaline qui fait de la pâtisserie un moment d'extase où le sentiment de réalisation de soi s'exprime fortement. Entre fierté et plaisir, pâtisser procure une multitude d'émotions qu'il nous serait certainement difficile de retrouver ailleurs. Dans l'expression « faire un gâteau », il y a « faire » au sens de « transformer », mais surtout au sens de « faire plaisir ».

À l'annonce du diabète de mon mari, la frustration de ne plus pouvoir pâtisser avec du sucre et de la farine (de blé ou de maïs) pour l'ensemble de la famille me conduisit à chercher des recettes de gâteaux pour diabétiques. J'en trouvai alors un grand nombre mais elles oscillaient entre « pseudo-recettes », fortement chargées en glucides complexes, et desserts immondes, pâlots et visqueux, à la saveur d'édulcorants très prononcée. Il semblait donc que les diabétiques n'avaient finalement pas d'autres choix que de profiter des plaisirs de la pâtisserie en payant le prix fort de l'hyperglycémie et de ses conséquences sur leur santé, ou bien de s'abstenir et de vivre avec la frustration qu'engendre la privation.

Pour résumer toute la problématique de la création d'une pâtisserie adaptée aux diabétiques, il ne faut pas tant raisonner en termes de « sucre » que de « glucides ». Plus simplement, il ne suffit pas de remplacer le sucre par des édulcorants pour faire d'un gâteau classique un gâteau pour diabétiques, étant donné que la farine de blé contient entre 60 et 70 % de glucides. Dès lors, comment faire une pâtisserie digne de ce nom sans farine ? Avec le temps, lasse de mes essais infructueux et insatisfaisants – à mon goût –, je finis par me résigner, en me disant que si personne n'avait encore trouvé la solution pour faire de bonnes pâtisseries à la fois sans sucre et à teneur réduite en glucides, c'est que sans doute il n'y en avait pas !

Puis, le hasard faisant bien les choses, alors que je regardais une émission télévisée sur la pâtisserie, j'entendis le chef pâtissier qui présentait l'émission dire à l'un des candidats :

«La pâtisserie c'est de la chimie. Chaque ingrédient joue un rôle et c'est une question de dosage.»

C'est alors que m'est venue cette idée: peut-être fallait-il tout simplement tenter d'explorer et de comprendre les propriétés physico-chimiques de chaque ingrédient pour trouver leurs substituts possibles? Le but n'était pas de faire de la pâtisserie «moléculaire» et encore moins d'en faire une discipline scientifique mais bien de comprendre comment les ingrédients se combinent et de trouver les justes dosages.

Forte de cette nouvelle vision des choses et de l'espoir qu'elle suscitait en moi, je ressortis mon robot pâtissier et me remis au travail et en quête d'informations. J'étais d'autant plus motivée que j'évolue dans une famille de diabétiques: outre mon mari, ma mère et ma belle-mère le sont également depuis quarante ans et cela faisait longtemps qu'elles ne mangeaient plus de bonnes pâtisseries sans culpabiliser.

Après quelques semaines de réflexion, j'ai finalement envisagé de suivre trois axes de travail pour réaliser ces expériences de substitution. À savoir, analyser les recettes classiques de la pâtisserie du point de vue:

– de leur quantité de glucides;
– de leur texture;
– de leur saveur.

Avec l'aide d'un ami chimiste et de mon époux diabétique (psychologue clinicien de métier, qui a une grande connaissance du diabète puisqu'il a mené une recherche pendant cinq ans pour essayer de comprendre les effets psychologiques et psycho-pathologiques de cette maladie, et qui maîtrisait donc parfaitement bien l'intrication entre les glucides et leur impact sur la glycémie), j'entrepris de remplacer le sucre et la farine par d'autres ingrédients en ayant comme seuls objectifs de trouver un équilibre entre saveur et texture dans les pâtisseries que je tentais de réaliser, mais aussi et surtout de réduire considérablement leur charge glycémique (voir Connaître l'impact des glucides sur la glycémie, p. 15).

Je pense avoir relevé le défi et vous livre donc ici 80 recettes non seulement parfaitement adaptées aux personnes diabétiques mais dignes d'être commercialisées.

Annabelle Orsatelli

Les secrets de la pâtisserie pour diabétiques

Comment donc réduire la quantité de glucides sans altérer la saveur ni la texture d'une pâtisserie digne de ce nom ?

C'est à cette question que nous allons répondre à présent en vous donnant les astuces pour réaliser les recettes de vos pâtisseries préférées et même pour créer vos propres gâteaux.

Nous avons sélectionné à cet effet un certain nombre de desserts, dont nous avons élaboré les recettes pour que vous puissiez retrouver toutes les joies que procure la pâtisserie malgré le diabète. Mais il en existe tellement d'autres... C'est pourquoi nous vous livrons les « secrets » de cette pâtisserie pour diabétiques afin que vous puissiez poursuivre l'aventure en fonction de vos propres envies.

Quantité de glucides + saveur + texture : une équation aux multiples facettes

Tout influe sur tout ! Voilà qui résume bien le problème.

- **Le sucre** joue un rôle sur la saveur et la texture. Il a bien entendu un impact direct sur le taux de glucides.
- **La farine**, ou plutôt l'amidon qu'elle contient, est nécessaire à la levée des pâtes, à leur consistance et à leur saveur.

La question du sucre

La saveur sucrée se retrouve aisément dans différents substituts du sucre, cela ne fait aucun doute. Cependant la plupart d'entre eux laissent un arrière-goût prononcé souvent désagréable. Résoudre ce problème a finalement été assez simple puisqu'il a suffi de mélanger plusieurs substituts du sucre entre eux. Dès lors, les arrière-goûts s'annulent,

mais la saveur sucrée demeure. Par exemple, le côté mentholé et quelque peu piquant des polyols, comme le xylitol, est contrebalancé par la suavité du tagatose (extrait du lait). Ainsi, nous arrivons à obtenir une saveur proche de celle du sucre, c'est-à-dire neutre.

Outre la saveur sucrée, il fallait aussi trouver des substituts ayant des propriétés physiques analogues à celles du sucre, comme la capacité à caraméliser (c'est le cas du tagatose), à se lier aux protéines des œufs (propriété de l'isomalt), etc. Tout en tenant bien évidemment compte de leur index glycémique.

La question de la farine

Concernant la farine, l'équilibre à trouver entre la quantité de glucides, la saveur et la texture est une équation plus complexe à résoudre qu'avec le sucre. En effet, la farine de blé contient, comme nous l'avons dit plus haut, 60 à 70 % de glucides complexes, dont l'amidon, nécessaires à la réussite de bon nombre de recettes.

On trouve bien souvent sur Internet des recettes dites « pour diabétiques » au seul prétexte qu'elles

contiennent des édulcorants et non du sucre. En y regardant de plus près, on s'aperçoit qu'elles ont une forte teneur en farine ou en fécule de maïs (type Maïzena), ce qui ne les rend en rien adaptées aux personnes diabétiques.

L'enjeu était donc de réduire la quantité d'amidon, sans en perdre les propriétés telles que la capacité à retenir l'eau et à fermenter. Lorsqu'on se renseigne plus précisément sur son rôle en pâtisserie, on découvre que l'amidon présent à 65 % dans la farine de blé T55 (farine blanche courante) n'est absolument pas utile dans sa totalité. On peut donc réduire considérablement le taux de farine de blé d'une recette tout en conservant les effets de l'amidon sur la texture d'une préparation.

C'est pourquoi mes compositions farineuses (variables selon les recettes), qui sont un mélange de plusieurs farines, n'excluent pas totalement la farine de blé. Elle est juste présente en quantité suffisante pour apporter l'amidon indispensable à la texture des préparations (notamment des pâtes à tarte et à gâteau). Les autres farines, quant à elles, apportent « de la matière » : on ne peut en effet remplacer 100 g de farine de blé T55 par 20 g d'amidon. Il manquerait 80 g de quelque chose !

Une composition farineuse parfaitement adaptée

Après de très nombreux essais, cette composition farineuse, secret de la pâtisserie pour diabétiques, est finalement composée de quatre ou cinq ingrédients faciles à trouver en grandes surfaces, sur Internet ou dans les magasins bio :

- **du gluten pur**, nécessaire à l'élasticité des pâtes mais pauvre en glucides ;
- **de la farine de blé intégrale T150** qui, malgré sa teneur en amidon, a un index glycémique plus bas (50) que la farine courante T55 (70) ;
- **un peu de farine de blé T55** pour favoriser la levée des pâtes ;
- **de la farine de coco,** riche en fibres et pauvre en glucides ;
- **de la farine de lupin**, également pauvre en glucides et à l'index glycémique très faible (15).

S'il y a donc parfois jusqu'à cinq ingrédients dans mes compositions farineuses, ce n'est pas par snobisme mais bien pour obtenir cet équilibre dont nous avons parlé plus haut entre la saveur, la texture et la faible quantité de glucides.

Préparation de la composition farineuse

Elle est très simple : après avoir pesé les différentes farines, mélangez-les au fouet à main pendant quelques secondes. C'est prêt !

Malgré leur intérêt sur la glycémie, les farines que nous avons incorporées à la farine de blé T55 ne peuvent pas être utilisées seules ni en grande quantité : elles donneraient un goût peu agréable aux pâtisseries. En revanche, si nous les combinons entre elles, comme nous l'avons fait pour les substituts du sucre, ces arrière-goûts s'annulent et la saveur finale est plus neutre.

La cuisine, c'est de l'alchimie

Ne soyez pas étonné de trouver dans les recettes des ingrédients présents en toutes petites quantités (1 ou 2 cl, quelques grammes...). Il est fondamental de les respecter : chaque ingrédient joue un rôle pour garantir un résultat au plus proche des textures originales. Par exemple, si vous supprimez les 2 cl de crème fraîche dans la recette des madeleines, elles seront sèches.

Quelques repères sur les glucides

Pour chaque recette, une info « glucides »

Pour chaque recette, vous trouverez des informations vous permettant d'évaluer la quantité de glucides totale. Ce calcul est simple : la quantité de glucides indiquée correspond à l'addition de tous les glucides contenus dans les ingrédients, hors substituts du sucre.

Lorsqu'il s'agit d'une préparation de base (pâte à tarte ou à gâteau, crème, glaçage...), la quantité de glucides est donnée en pourcentage, afin de vous permettre de concevoir vos propres pâtisseries. Pour les pâtisseries, la quantité de glucides est donnée par portion (c'est-à-dire par personne), lorsqu'il s'agit d'un dessert à partager, ou par pièce lorsqu'il s'agit de biscuits, de petits fours ou de gâteaux individuels. Les quantités indiquées peuvent fluctuer très légèrement en fonction du poids de certaines matières premières et du choix des marques des ingrédients, mais ces fluctuations restent somme toute non significatives.

Il est également fait mention de la charge glycémique (voir Connaître l'impact des glucides sur la glycémie, ci-après).

La quantité de substituts du sucre est précisée sur le même modèle.

Connaître l'impact des glucides sur la glycémie

Pour connaître l'impact de la quantité de glucides d'un dessert sur la glycémie, il faut se référer à l'index glycémique de chaque ingrédient pour faire un ca cul qui vous permettra d'établir ce qu'on appelle « la charge glycémique ».

Ce calcul est relativement simple puisqu'il suffit de multiplier la quantité de glucides de chaque ingrédient (poids de l'ingrédient x pourcentage de glucides) par son index glycémique (IG), et de diviser le tout par 100 : cela donne un score qui situe l'élévation de la glycémie dans un intervalle.

Exemples :

60 g d'amandes émondées contenant 5,60 % de glucides ⇒ 60 x 5,60 % = 3,36 g de glucides

$$\frac{3{,}36 \text{ g de glucides x IG } 15}{100} = 0{,}504$$ (soit un impact glycémique arrondi à 1)

6 g de xylitol contenant 100 % de glucides ⇒ 6 x 100 % = 6 g de glucides

$$\frac{6 \text{ g de glucides x IG } 7}{100} = 0{,}42$$ (soit un impact glycémique arrondi à 1)

Pour que le score final soit le plus possible adapté au diabète, **il faut donc jouer à la fois sur une faible quantité de glucides et sur des index glycémiques bas**, et c'est bien cette ligne de conduite que nous avons suivie pour concevoir les recettes de cet ouvrage. En jouant à la fois sur la faible quantité de glucides par portion (entre 4 et 7 g) et en utilisant majoritairement, pour les compositions farineuses, des farines à index glycémique bas, nous obtenons des pâtisseries à faible charge glycémique, évitant ainsi les pics d'hyperglycémie.

Ceux qui souhaiteraient plus d'informations sur la charge glycémique peuvent se référer à ce lien : http://www.pharmacie-de-la-paix-laval.fr/pdf/charge_glycemique.pdf

Toutefois, même si les pâtisseries de cet ouvrage respectent cette double exigence, n'oubliez pas que les fluctuations de la glycémie sont multifactorielles : la sédentarité, ou à l'inverse l'activité avant et après dégustation, le stress, le moment de la journée auquel vous dégustez une pâtisserie tout comme le type de diabète dont vous souffrez ont une incidence sur la glycémie.

Estimation de l'impact d'un repas sur la glycémie :
- charge glycémique ≤ 10 ⇒ faible influence sur la glycémie ;
- charge glycémique > 10 et < 20 ⇒ influence moyenne sur la glycémie ;
- charge glycémique ≥ 20 ⇒ forte influence sur la glycémie.

À titre d'exemples, voici quelques repères intéressants :

Aliment	Charge glycémique
1 yaourt nature brassé goût bulgare sans sucre	2,7
1 pomme de taille moyenne	6,9
3 morceaux de sucre standard*	10,5

*Quantité généralement préconisée, hors spécificités, dans un contexte d'hypoglycémie pour remonter la glycémie à sa valeur normale.

À présent, quelques comparaisons entre pâtisseries traditionnelles et pâtisseries pour diabétiques :

	Charge glycémique d'une pâtisserie traditionnelle	Charge glycémique d'une pâtisserie pour diabétiques
1 madeleine	11	2
1 crêpe	14	2
1 portion de paris-brest	27	5

Le calcul de la charge glycémique effectué pour chaque recette de l'ouvrage est donné à titre purement indicatif : en effet, les informations que nous pouvons trouver sur l'index glycémique des ingrédients varient parfois d'une source à l'autre. Nous avons effectué le calcul en croisant les informations et en retenant une valeur moyenne, puis arrondi le résultat à l'unité supérieure. Par exemple, le résultat pour la charge glycémique d'une madeleine était de 1,2 mais nous avons mentionné 2.

Avant de réaliser une recette, afin d'évaluer au mieux l'élévation possible de votre glycémie, vous pouvez vous référer à l'index des recettes par quantité de glucides (p. 152) et à l'index des recettes par impact sur la glycémie (p. 154).

Achats : lisez bien les emballages

Les glucides contenus dans les aliments sont en partie issus de la matière première, mais les processus de transformation des produits et d'éventuels ajouts peuvent modifier le pourcentage final. Par exemple, le lupin, qui est une légumineuse, subit certaines transformations pour être réduit en farine. Le pourcentage de glucides contenu dans la farine de lupin peut être différent du pourcentage contenu dans la légumineuse à l'état brut. C'est pourquoi il est important de lire l'étiquette sur laquelle figurent les informations nutritionnelles.

Lorsque aucune information sur les glucides ne figure sur l'emballage, vous pouvez vous référer à certains sites internet tels que celui de l'Anses (Agence nationale de sécurité sanitaire de l'alimentation, de l'environnement et du travail) ou i-dietetique.com. N'hésitez pas non plus à contacter directement la marque : c'est ce que j'ai fait entre autres pour les farines de la marque Priméal.

Attention aux glucides cachés !

Sur de nombreuses **farines**, l'emballage mentionne la quantité de glucides, puis plus bas figure la mention « quantité d'amidon », qu'il ne faut pas omettre de prendre en compte (l'amidon est un glucide). Soyez également vigilant en ce qui concerne les **arômes naturels**, car certains sont composés de sirop de glucose, d'autres non : préférez ceux à base d'huile, qui contiennent peu ou pas de glucides.

Concernant les autres ingrédients nécessaires à la bonne réalisation des recettes, tels que **les produits laitiers, les levures, les fromages**, les quantités de glucides variant très peu d'une marque à l'autre, choisissez vos produits de prédilection. Pour vous repérer, n'hésitez pas à vous référer au tableau de l'index glycémique des principaux ingrédients (p. 18).

Quelques marques de confiance

Voici quelques marques de produits que nous avons utilisés dans cet ouvrage et que nous recommandons afin que vous puissiez avoir la garantie d'employer des produits bien adaptés à votre diabète.

– Priméal pour : la farine de lupin ; le gluten pur ; la farine de blé intégrale T150.

– Biosagesse d'Écoidées pour : la farine de coco.

– Van Houten pour : le cacao en poudre non sucré.

Où trouver les ingrédients ?

Tous les produits utilisés dans nos recettes sont disponibles en grandes surfaces, sur Internet ou dans les magasins bio (voir les adresses p. 151).

La particularité du chocolat

Existe-t-il du chocolat adapté au diabète ? D'une certaine manière la réponse est oui puisque nous trouvons aujourd'hui sur le marché des chocolats à base d'édulcorants, et en particulier à base de maltitol, qui est un polyol. Pour ma part, j'ai choisi de pâtisser avec le chocolat Ligne Gourmande de Poulain, qui présente l'avantage d'être non seulement édulcoré mais également très bon. Toutefois, le maltitol possède un index glycémique relativement élevé pour un édulcorant (40), certes bien en deçà du sucre (70), mais comparé au tagatose (proche de 0) et au xylitol (entre 7 et 8), il a un impact non négligeable sur la glycémie.

C'est pourquoi nous vous invitons à préparer des chocolats à pâtisser maison (blanc, noir ou au lait) à base de tagatose et de xylitol (pp. 24, 25 et 26). Ces chocolats sont simples à réaliser et vous offrent la possibilité de créer vos propres recettes (voir p. 91). Ils vous permettent de réduire un peu plus l'impact des pâtisseries au chocolat sur votre glycémie.

Afin de vous aider dans votre choix, la mention de la charge glycémique des recettes vous est donnée pour la version réalisée avec Ligne Gourmande et pour la version réalisée avec le chocolat maison.

Index glycémique des principaux ingrédients

Ingrédients	% de glucides	Index glycémique
Agar-agar	Traces	0
Amandes émondées	5,60	15
Amandes en poudre	8,00	20
Arôme d'amande	0,00*	0
Arômes naturels	0,00*	0
Beurre de cacao	0,00	0
Beurre de tourage (beurre sec)	0,40	0
Beurre doux	0,60	0
Cacao en poudre non sucré	13,90	20
Café noir	0,30	0
Café soluble	0,30	0
Chocolat au lait (édulcoré)	11,20	70
Chocolat noir (édulcoré)	4,40	70
Citron : jus	4,71	20
Colorants alimentaires	0,00	0
Crème fraîche liquide entière	3,20	10
Farine de blé courante T55	69,30	70
Farine de blé intégrale T150	62,40	50
Farine de coco	20,80	35
Farine de lupin	9,00	15
Fraises	8,13	25
Gélatine en feuille	0,00	0
Gluten pur	6,00	0
Huile	0,00	0
Lait en poudre	45,00	35
Lait entier	4,80	30
Levure chimique	33,20	35
Levure fraîche de boulanger	33,20	35
Marsala	6,00	0
Mascarpone	3,00	25
Noisettes	5,50	15
Noix de pécan	2,94	15
Œuf entier	0,70	0
Œuf : blanc	0,70	0
Œuf : jaune	0,70	0
Philadelphia (fromage frais)	2,70	25
Raisins secs	66,40	64
Vanille liquide (extrait)	20,00	0
Yaourt nature non sucré	4,80	35
Édulcorants		
Isomalt	0,00	8
Maltitol (présent dans le chocolat Ligne Gourmande de Poulain)	0,00	40
Tagatesse (édulcorant à base de tagatose)	0,00	7,5
Xylitol	0,00	7

* Attention, certains arômes alimentaires contiennent des glucides. Pour les recettes de cet ouvrage, évitez-les.

Les questions que vous vous posez

Toute la famille peut-elle déguster de la pâtisserie pour diabétiques ?

Oui, bien entendu, car elle est bonne pour tout le monde ! Ainsi, si vous destinez les recettes de cet ouvrage à toute la famille, n'hésitez pas à ajuster les quantités au nombre de convives (en adaptant les temps de cuisson au besoin).

Peut-on envisager de revisiter toutes les recettes de pâtisseries ?

Il faut être honnête : la pâtisserie pour diabétiques a ses limites. Dans le juste équilibre qu'il faut trouver entre la saveur, la texture et la quantité de glucides, tout n'est pas possible… enfin, pour l'instant. Prenons les macarons, par exemple : malgré de nombreux essais, je ne suis pas parvenue à un résultat satisfaisant.

Que penser des édulcorants ?

Se pose en effet la question des substituts du sucre et des controverses qu'ils suscitent. Je n'ai ni la compétence ni l'envie d'engager le débat sur ce sujet. Cependant il faut reconnaître que les diabétiques n'ont pas vraiment le choix. Entre le sucre et l'édulcorant, la maladie a décidé pour eux !

Mais lorsque le choix est encore possible, nous optons rarement spontanément pour les édulcorants. Pourtant certains d'entre eux, comme le xylitol par exemple, possèdent des propriétés fort intéressantes, pour la santé dentaire notamment.

De plus, ils permettent de limiter la consommation de sucre et, de fait, ses conséquences sur la prise de poids. Par contre, une consommation excessive de substituts du sucre peut entraîner des effets laxatifs. Il est également admis que les édulcorants sont à déconseiller aux enfants de moins de 3 ans. Plus généralement, pour un enfant en bonne santé et en pleine croissance, il n'y a aucun intérêt à donner des édulcorants, mais pour les enfants diabétiques en bas âge la question peut se poser. Demandez conseil à votre médecin pour la quantité d'édulcorant adaptée à l'âge et au poids de l'enfant.

Bien s'équiper pour pâtisser !

Les ustensiles nécessaires à la réalisation des recettes de cet ouvrage sont peu nombreux et faciles à se procurer si vous ne les avez pas déjà :

- un cercle à pâtisserie (Ø 16 cm) ;
- un rectangle à pâtisserie de 20 x 18 cm, idéalement extensible ;
- un petit moule à cake de 12 cm de long ;
- une poche munie d'une douille lisse, d'une douille cannelée (Ø 1 cm) et d'une douille de fourrage ;
- un robot pâtissier ou, à défaut, un batteur électrique ;
- un fouet à main, une spatule en bois, une maryse et un pinceau alimentaire ;
- une sonde (ou thermomètre culinaire).

Ce dernier ustensile est très utile pour vérifier la température des préparations. Par exemple, la fusion du beurre de cacao se réalise entre 35 et 55 °C car, au-delà, la structure moléculaire change ; la crème anglaise quant à elle doit être portée à 80 °C pour éliminer toutes bactéries.

Quelques **préparations** de base

Pralin et praliné

Préparation : 20 min • Cuisson : 5 min • Repos au frais : 30 min

Pour 120 g de préparation

* 60 g d'amandes
* 60 g de noisettes décortiquées
* 50 g de Tagatesse
* 1 cl d'eau

1 — Faites torréfier les noisettes au four à 165 °C (th. 5-6) pendant environ 5 min.
— Dans une casserole, faites fondre le Tagatesse à feu doux avec l'eau jusqu'à l'obtention d'un sirop, sans laisser caraméliser.

2 — Lorsque le sirop est prêt, ajoutez les amandes et les noisettes, puis faites caraméliser l'ensemble.
— Enlevez la casserole du feu et étalez la préparation sur du papier de cuisson afin qu'elle refroidisse. Mettez-la au réfrigérateur si nécessaire car le caramel doit être bien ferme.

3 — Mixez la préparation jusqu'à l'obtention de la texture souhaitée : un concassage pour le pralin ou une pâte pour le praliné. La pâte de praliné résulte de la libération d'huile par les amandes et les noisettes. Elle s'obtient en mixant plus longtemps.
— Pour une texture encore plus lisse, vous pouvez faire passer la pâte de praliné à travers une passoire fine à l'aide d'une spatule afin de filtrer les éventuels morceaux.

Bon à savoir

Le *Paris-brest* (p. 110) et la *Glace au praliné* (p. 90) sont réalisés avec une pâte de praliné à la texture lisse alors que le *Croustillant aux deux chocolats* (p. 79) se fait avec du praliné et du pralin, qui lui apporte une délicieuse touche de croquant.

Variante

Vous pouvez réaliser un pralin avec une proportion différente de noisettes et d'amandes – voire un pralin tout noisette ou tout amande –, ce n'est qu'une question de goût.

Glucides

Sur la base de 120 g de préparation :
5,55 % de glucides et 41,67 % de substituts du sucre.

Chocolat blanc
à pâtisser maison

Préparation : 20 min • Repos au frais : 1 h

Pour 160 g de chocolat

* 110 g de beurre de cacao
* 10 g de lait en poudre non sucré (facultatif)
* 30 g de Tagatesse
* 16 g de xylitol

1 — Râpez ou réduisez en petits morceaux le beurre de cacao afin qu'il fonde plus facilement.
— Réduisez en poudre le xylitol et le Tagatesse à l'aide d'un mixeur.
— Mélangez dans un cul-de-poule l'ensemble des ingrédients.

2 — Faites fondre au bain-marie en mélangeant délicatement la préparation, jusqu'à une température située entre 43 et 48 °C (attention, elle ne doit pas dépasser 55 °C, ne faites donc pas trop chauffer l'eau du bain-marie).
— Mettez un bol dans un bain d'eau glacée et versez les 2/3 du mélange dans ce bol, puis remuez jusqu'à ce que la température de la préparation ait atteint 24 ou 25 °C.
— Retirez le mélange du bain d'eau glacée et ajoutez progressivement le 1/3 restant jusqu'à atteindre une température de 28 ou 29 °C.

3 — Moulez le chocolat et laissez refroidir 10 min à température ambiante, puis 1 h au réfrigérateur avant de démouler.
— Couvrez le chocolat à pâtisser de film alimentaire et conservez-le au réfrigérateur.

Bon à savoir

– Le respect des températures de chauffe et de refroidissement est important, sinon le chocolat aura un aspect déplaisant. Ne vous inquiétez pas, il sera tout de même bon.

– Il est parfois difficile de réduire complètement en poudre le Tagatesse et le xylitol : le chocolat aura alors un côté croquant qui disparaîtra lors d'une seconde cuisson. C'est pourquoi, si vous ne souhaitez pas que le chocolat soit croquant, n'hésitez pas à mixer longuement les deux substituts du sucre.

Glucides

Sur la base de 160 g de chocolat :
2,81 % de glucides et 28,75 % de substituts du sucre.

Chocolat noir
à pâtisser maison

Préparation : 20 min • Repos au frais : 1 h

Pour 180 g de chocolat

* 100 g de beurre de cacao
* 60 g de cacao en poudre non sucré
* 30 g de Tagatesse
* 16 g de xylitol

1 — Râpez ou réduisez en petits morceaux le beurre de cacao afin qu'il fonde plus facilement.
— Réduisez en poudre le xylitol et le Tagatesse à l'aide d'un mixeur.
— Mélangez dans un saladier l'ensemble des ingrédients.

2 — Faites fondre la préparation au bain-marie en mélangeant délicatement, jusqu'à une température située entre 50 et 55 °C (attention, elle ne doit pas dépasser 55 °C, ne faites donc pas trop chauffer l'eau du bain-marie).
— Mettez un bol dans un bain d'eau glacée et versez les 2/3 du mélange dans ce bol. Remuez jusqu'à ce que la température de la préparation ait atteint entre 27 et 29 °C.
— Retirez le mélange du bain d'eau glacée et ajoutez progressivement le 1/3 restant jusqu'à atteindre une température de 31 ou 32 °C.

3 — Moulez le chocolat et laissez-le refroidir 10 min à température ambiante, puis 1 h au réfrigérateur avant de le démouler.
— Couvrez le chocolat à pâtisser de film alimentaire et conservez-le au réfrigérateur.

Bon à savoir

– Le respect des températures de chauffe et de refroidissement est important, sinon le chocolat aura un aspect déplaisant. Ne vous inquiétez pas, il sera tout de même bon.

– Il est parfois difficile de réduire complètement en poudre le Tagatesse et le xylitol : le chocolat aura alors un côté croquant qui disparaîtra lors d'une seconde cuisson. C'est pourquoi, si vous ne souhaitez pas que le chocolat soit croquant, n'hésitez pas à mixer longuement les deux substituts du sucre.

Glucides

Sur la base de 180 g de chocolat :
4,63 % de glucides et 25,56 % de substituts du sucre.

Chocolat au lait
à pâtisser maison

Préparation : 20 min • Repos au frais : 1 h

Pour 180 g de chocolat

* 100 g de beurre de cacao
* 20 g de cacao en poudre non sucré
* 15 g de lait en poudre non sucré
* 30 g de Tagatesse
* 16 g de xylitol

1 — Râpez ou réduisez en petits morceaux le beurre de cacao afin qu'il fonde plus facilement.
— Réduisez en poudre le xylitol et le Tagatesse à l'aide d'un mixeur.
— Mélangez dans un cul-de-poule l'ensemble des ingrédients.

2 — Faites fondre au bain-marie en mélangeant délicatement la préparation, jusqu'à une température située entre 45 et 48 °C (attention, elle ne doit pas dépasser 55 °C, ne faites donc pas trop chauffer l'eau du bain-marie).
— Mettez un bol dans un bain d'eau glacée et versez les 2/3 du mélange dans ce bol. Remuez jusqu'à ce que la température de la préparation ait atteint entre 25 et 27 °C.
— Retirez le mélange du bain d'eau glacée et ajoutez progressivement le 1/3 restant jusqu'à atteindre une température de 29 à 32 °C.

3 — Moulez le chocolat et laissez refroidir 10 min à température ambiante, puis 1 h au réfrigérateur avant de démouler.
— Couvrez le chocolat à pâtisser de film alimentaire et conservez-le au réfrigérateur.

Bon à savoir

– Le respect des températures de chauffe et de refroidissement est important, sinon le chocolat aura un aspect déplaisant. Ne vous inquiétez pas, il sera tout de même bon.

– Il est parfois difficile de réduire complètement en poudre le Tagatesse et le xylitol : le chocolat aura alors un côté croquant qui disparaîtra lors d'une seconde cuisson. C'est pourquoi, si vous ne souhaitez pas que le chocolat soit croquant, n'hésitez pas à mixer longuement les deux substituts du sucre.

Glucides
Sur la base de 180 g de chocolat :
5,29 % de glucides et 25,56 % d'édulcorants.

Glaçage fondant

Préparation : 10 min • Repos au frais : 15 min

Pour 85 g de glaçage

* 50 g d'isomalt
* 3 cl de crème fraîche liquide
* 20 g de beurre
* 1,5 cl d'eau

Pour un glaçage au café

* 1 sachet de café soluble

Pour un glaçage au chocolat

* 20 g de cacao en poudre non sucré

Pour un glaçage fruité

* 1 cuil. à café d'arôme naturel au choix
* Quelques gouttes de colorant naturel alimentaire (facultatif)

1 — Dans une casserole, mettez l'eau et l'isomalt à chauffer jusqu'à ce que les grains d'isomalt se soient dissous complètement.

2 — Dans une autre casserole, faites bouillir la crème fraîche, puis ajoutez le cacao en poudre ou le café ou l'arôme (et éventuellement le colorant alimentaire), en fonction du choix du glaçage.
— Ajoutez ensuite la préparation au sirop d'isomalt en remuant énergiquement avec une spatule en bois, puis le beurre. Mélangez à nouveau.

3 — Le glaçage doit être utilisé dès qu'il a légèrement refroidi, avant qu'il ne se solidifie.
— Pour glacer un chou, par exemple, plongez tout simplement le haut du chou dans la préparation et, d'un mouvement rapide du poignet, retournez-le.

Bon à savoir

– Ce glaçage, proche du glaçage fondant traditionnel, est idéal pour les éclairs, les religieuses, les choux, les cakes...

– Si vous n'utilisez pas la totalité de cette préparation, sachez que ce glaçage se conserve 48 h au réfrigérateur.

Glucides

Sur la base de 85 g de glaçage fruité ou au café :
1,27 % de glucides et
58,82 % de substituts du sucre.
Sur la base de 85 g de glaçage au chocolat :
4,54 % de glucides et
58,82 % de substituts du sucre.

Crème au beurre

Préparation : 25 min

Pour 240 g de crème

* 165 g de beurre
* 2 œufs (jaunes)
* 28 g de Tagatesse
* 20 g de xylitol
* 2 cl d'eau

1 — Travaillez le beurre en pommade à l'aide d'un fouet.
— Dans une casserole, mettez l'eau, le Tagatesse et le xylitol, et faites légèrement frémir.

2 — Mettez les jaunes d'œufs dans le robot pâtissier équipé de fouets (ou utilisez un batteur électrique), et battez jusqu'à ce que le mélange blanchisse.

3 — Versez, en filet, le sirop dans les jaunes d'œufs battus en mettant le robot en vitesse lente puis, une fois le sirop incorporé, mettez le robot en vitesse rapide jusqu'à complet refroidissement.
— Incorporez le beurre ramolli à l'aide d'un fouet à main ou au robot jusqu'à ce que la crème soit lisse.
— Réservez au réfrigérateur jusqu'à utilisation.

Bon à savoir

– Laissez-vous aller à la créativité et aux plaisirs du goût en ajoutant à la crème au beurre 1 à 2 cuil. à café de l'arôme de votre choix : café, chocolat, praliné, pistache, Grand Marnier, etc.

– Si vous n'utilisez pas la totalité de cette préparation, sachez que la crème au beurre se conserve 48 h au réfrigérateur.

Glucides

Sur la base de 240 g de crème :
0,57 % de glucides et
20 % de substituts du sucre.

Meringue italienne

Préparation : 15 min • Cuisson : 3 h

Pour 140 g de meringue

* 45 g de blanc d'œuf
* 100 g d'isomalt
* 3 g de jus de citron
* 3 cl d'eau

1 — Dans une casserole, portez à légère ébullition l'isomalt et l'eau. Maintenez cette légère ébullition jusqu'à ce que l'isomalt ait complètement fondu (vous ne devez plus voir de grains dans le fond de la casserole, ce qui peut prendre quelques minutes).

2 — Montez les blancs d'œuf en neige avec le jus de citron en fouettant à vitesse rapide. Dès que les blancs sont fermes, baissez la vitesse et ajoutez le sirop d'isomalt en filet.

3 — Augmentez progressivement la vitesse afin que le sirop d'isomalt ne soit pas projeté sur la cuve du robot ou sur les parois de votre récipient, jusqu'à la vitesse maximale. Continuez à battre.
— Pour vérifier que la meringue est prête, soulevez les fouets (la préparation doit former un « bec d'oiseau »).

Bon à savoir

À ce stade, la meringue italienne est prête à servir dans des préparations comme la *Mousse fruitée* (p. 58), mais vous pouvez aussi la faire cuire comme une meringue traditionnelle : répartissez la préparation en petits tas sur une feuille de papier de cuisson à l'aide d'une poche à douille ou d'une cuillère. Enfournez pour 3 h à 90 °C (th. 3). Vous obtiendrez de délicieuses *Meringues croquantes*. Pour des *Meringues au chocolat*, ajoutez du cacao en poudre non sucré.

Glucides

Sur la base de 140 g de meringue :
0,33 % de glucides et 71,43 % de substituts du sucre.

Pâte brisée

Préparation : 15 min • Repos au frais : 1 h 30

Pour 200 g de pâte

* 75 g de beurre
* 2 cl de lait entier
* 1 cl d'eau
* 1 petite pincée de sel

100 g de composition farineuse

* 28 g de gluten
* 5 g de farine de blé T55
* 20 g de farine de blé T150
* 22 g de farine de coco
* 25 g de farine de lupin

1 — Préparez la composition farineuse dans un saladier.
— Dans un autre saladier, écrasez le beurre à température ambiante avec une spatule en bois, puis remuez énergiquement.
— Ajoutez le lait, l'eau et le sel en remuant régulièrement avec la spatule en bois (le lait ne sera pas totalement incorporé ; il s'agit en fait d'assouplir un peu le beurre).
— Incorporez la composition farineuse en 3 fois avec la spatule en bois sans trop travailler la pâte (vous obtiendrez plein de petits morceaux de pâte).

2 — Mettez la préparation sur un plan de travail et écrasez-la avec la paume de la main jusqu'à ce qu'elle soit homogène.
— Formez une boule, filmez-la et laissez reposer la pâte 1 h 30 au réfrigérateur.

3 — Pour travailler la pâte brisée, étalez la pâte en plusieurs fois avec un rouleau à pâtisserie et, entre chaque tour de rouleau, attendez quelques minutes.
— Pour la faire cuire seule, enfournez-la pour 20 min à 165 °C (th. 5-6).

Bon à savoir

Si la pâte adhère au plan de travail, décollez-la avec une spatule.

Glucides

Sur la base de 200 g de pâte :
12,93 % de glucides et
0 % de substituts du sucre.

Pâte feuilletée

Préparation : 30 min • Repos total au frais : 7 h

Pour 300 g de pâte

* 90 g de beurre de tourage ou à défaut de beurre extra sec
* 20 g de beurre doux
* 9 cl d'eau
* 1 pincée de sel

100 g de composition farineuse

* 28 g de gluten
* 16 g de farine de blé T55
* 14 g de farine de blé T150
* 20 g de farine de coco
* 22 g de farine de lupin

1 — Préparez la composition farineuse.
— Mettez le sel dans l'eau. Faites fondre le beurre dans une casserole en prenant soin d'éviter qu'il brûle.
— Tamisez la composition farineuse dans un autre saladier, faites un puits et versez-y l'eau.
— Commencez légèrement à tourner et versez le beurre fondu, sans trop malaxer la pâte. Rassemblez la détrempe dans vos mains et formez une boule. Filmez-la 2 h au réfrigérateur.
— Avec le beurre de tourage, formez un carré de 0,5 cm d'épaisseur. Pour cela, placez le carré de beurre entre 2 feuilles de film alimentaire, puis étalez-le avec le rouleau à pâtisserie. Filmez-le et réservez 2 h au réfrigérateur.

2 — Au total, il faut réaliser 4 tours (la pâte feuilletée à la farine de blé T55 se réalise en 6 tours, mais la fragilité de la composition farineuse ne permet que 4 tours).
— Étalez la détrempe en formant un rectangle d'une longueur et d'une largeur permettant d'enfermer le beurre de tourage. Placez le beurre au milieu du rectangle, puis repliez les 2 côtés de la détrempe sur le beurre. Soudez légèrement les bords haut et bas pour éviter que le beurre s'échappe. Étalez la pâte en formant un rectangle de 30 × 10 cm, puis effectuez le tour : pliez le 1/3 haut du rectangle et rabattez le 1/3 bas dessus. Votre pliage est ouvert sur la gauche (pour chaque tour il doit être ouvert à gauche).

3 — Recommencez 3 fois l'opération en laissant reposer la pâte 1 h 30 au réfrigérateur entre chaque tour. Puis laissez reposer 1 h avant de l'étaler en un rectangle de 50 × 15 cm.
— Si vous souhaitez cuire la pâte seule, enfournez-la pour 25 à 30 min à 175 °C (th. 5-6).
— Une fois que la pâte est cuite, on obtient un rectangle d'environ 45 × 12 cm.

Bon à savoir

Le beurre de tourage est difficile à trouver en grande surface, aussi n'hésitez pas à demander à votre boulanger de vous en vendre une plaquette. Sinon achetez du beurre extra sec (c'est-à-dire comprenant le moins d'eau possible). Évitez à tout prix le beurre tendre.

Glucides

Sur la base de 300 g de pâte :
9,37 % de glucides et
0 % de substituts du sucre.

Pâte feuilletée inversée

Préparation : 35 min • Repos total au frais : 4 h

Pour 160 g de pâte

Pour la première détrempe
* 50 g de beurre
* 12 g de gluten
* 8 g de farine de blé T55

Pour la deuxième détrempe
* 8 g de gluten
* 6 g de farine de blé T55
* 6 g de farine de blé T150
* 8 g de farine de coco
* 18 g de farine de lupin
* 15 g de beurre
* 3,5 cl d'eau

1 — Préparez les compositions farineuses des 2 détrempes.
— Pour la deuxième détrempe, faites fondre le beurre et mélangez-le avec la composition farineuse, puis ajoutez l'eau. Malaxez jusqu'à l'obtention d'une pâte homogène. Formez un carré de 1,5 cm d'épaisseur.
— Pour la première détrempe, écrasez le beurre en pommade, puis malaxez tous les ingrédients afin d'obtenir une pâte homogène. Déposez cette détrempe entre 2 feuilles de papier de cuisson et étalez-la en formant un carré de 12 cm de côté. Laissez la détrempe entre les 2 feuilles de papier.
— Réservez les 2 détrempes 1 h au réfrigérateur.

2 — Sortez les détrempes du réfrigérateur. Décollez la première du papier de cuisson, puis posez-la sur une autre feuille de papier de cuisson, et attendez 2 à 3 min avant de la travailler.
— Enfermez la deuxième détrempe dans la première, soudez les jointures en étalant avec le doigt la première détrempe. Posez sur le dessus une autre feuille de papier de cuisson, puis étalez-la en formant une bande d'environ 25 × 10 cm.
— Réservez 20 min au réfrigérateur.
— Sortez les détrempes du réfrigérateur. Décollez la première détrempe du papier de cuisson, puis posez-la sur une autre feuille de papier de cuisson, et attendez 2 min avant de la travailler.
Réalisation du tour double
— Rabattez les 2 extrémités vers le milieu en parties égales, en laissant 0,5 cm d'espace, puis pliez en 2. Enfermez entre 2 feuilles de papier de cuisson, puis étalez en une bande d'environ 25 × 10 cm.
— Réservez 20 min au réfrigérateur.

3 — Renouvelez l'opération et réservez 2 h au réfrigérateur. Attention, le côté ouvert du pliage est toujours du côté gauche quand vous étalez la pâte.
— La pâte est ensuite prête à être utilisée.

Glucides
Sur la base de 160 g de pâte :
11,45 % de glucides et
0 % de substituts du sucre.

Bon à savoir

La pâte feuilletée inversée est l'une des pâtes les plus délicates à réaliser.
Avec la composition farineuse, réalisez uniquement 2 tours doubles, sinon le feuilletage pourrait se déchirer. Si cela arrive par endroits, ne vous inquiétez pas, la pâte lèvera tout de même. Enfermer la détrempe entre 2 feuilles de papier de cuisson évite que la pâte colle au rouleau, ce qui la déchirerait.

OPINEL
INOX

Pâte à biscuit à rouler

Préparation : 15 min • Cuisson : 10 à 15 min

Pour 280 g de pâte

* 4 œufs
* 25 g de Tagatesse
* 10 g de xylitol

50 g de composition farineuse

* 15 g de gluten
* 12 g de farine de blé T55
* 5 g de farine de blé T150
* 8 g de farine de coco
* 10 g de farine de lupin

1 — Préparez la composition farineuse et tamisez-la.
— Prélevez 2 œufs et séparez les blancs des jaunes. Réservez.
— Préchauffez le four à 175 °C (th. 5-6).

2 — Dans un saladier, fouettez 2 jaunes d'œufs avec les 2 œufs entiers restants, 10 g de Tagatesse et le xylitol, jusqu'à ce que le mélange blanchisse et mousse.
— Incorporez la composition farineuse à l'aide d'un fouet.

3 — Dans le robot pâtissier, montez en neige ferme les 2 blancs restants en ajoutant peu à peu le reste du Tagatesse.
— Incorporez 1/3 des blancs meringués à la préparation de jaunes d'œufs en soulevant légèrement avec une maryse, puis incorporez les 2/3 restants.
— Versez la pâte dans un rectangle à pâtisserie de 25 × 18 cm et enfournez pour 10 à 15 min.

Bon à savoir

Pour une *Pâte à biscuit à rouler au chocolat*, ajoutez 10 g de cacao en poudre non sucré à la composition farineuse.

Glucides

Sur la base de 280 g de pâte :
5,87 % de glucides et
12,50 % de substituts du sucre.

Glace à la vanille

Préparation : 20 min

Pour 3 belles portions

* 250 g de *Crème anglaise* (p. 75)
* 1 à 2 gousses de vanille selon le goût

1 — Préparez la crème anglaise selon la recette p. 75 en ajoutant au lait, avant ébullition, les grains et l'écorce des gousses de vanille.
— Laissez infuser quelques minutes, retirez les gousses, puis filtrez la crème.

2 — Une fois la préparation refroidie, versez-la dans une sorbetière, et suivez les instructions du fabricant.

Variante

– *Glace vanille-pécan* : pour un contraste fondant-croustillant, caramélisez 20 à 30 g de noix de pécan au Tagatesse et concassez-les. Versez-les dans la sorbetière en fin de cycle.

Glucides
Par portion :
4,78 g de glucides et
13,33 g de substituts du sucre.
Soit 5,74 % de glucides et
16 % de substituts du sucre.
Charge glycémique :
2 nature, 3 avec noix de pécan caramélisées.

Desserts fruités

Bavarois pistache-framboise

Préparation : 45 min • Repos total au frais : 4 ou 5 h

Pour 6 personnes

* 150 g de *Gelée fruitée décorative* saveur framboise (p. 48)
* 500 g de *Crème bavaroise* (p. 55)
* 1 cuil. à café d'arôme naturel pistache
* 1 cuil. à café d'arôme naturel framboise
* 1 cuil. à café de colorant naturel alimentaire rouge
* 1 cuil. à café de colorant naturel alimentaire vert

1 — Préparez une gelée décorative selon la recette p. 48.

2 — Préparez la crème bavaroise selon la recette p. 55 et divisez-la en 2.
— Dans l'une des 2 portions, incorporez délicatement l'arôme framboise et le colorant alimentaire rouge.
— Faites de même dans l'autre portion de crème bavaroise avec l'arôme pistache et le colorant vert. Réservez-la à température ambiante.

3 — Dans un cercle à pâtisserie (Ø 15 à 18 cm), versez la crème bavaroise à la framboise et réservez au réfrigérateur pendant 30 min.
— Sortez du réfrigérateur et recouvrez la crème à la framboise par la crème à la pistache, puis réservez pendant encore 30 min au réfrigérateur.
— Nappez enfin de la gelée fruitée.
— Laissez prendre 3 ou 4 h au réfrigérateur.

Bon à savoir

Ce bavarois peut être décliné dans différents parfums. Il suffit de choisir d'autres arômes et les colorants alimentaires correspondants.

Glucides
Par personne :
3,73 g de glucides et
17,85 g de substituts du sucre.
Charge glycémique :
2.

Pâte sablée

Préparation : 15 min • Repos au frais : 1 h

Pour 420 g de pâte

* 110 g de beurre mou
* 1 ou 2 œufs selon la texture souhaitée
* 20 g de Tagatesse
* 17 g de xylitol

220 g de composition farineuse

* 60 g de gluten
* 8 g de farine de blé T55
* 45 g de farine de blé T150
* 52 g de farine de coco
* 55 g de farine de lupin

1 — Préparez la composition farineuse.
— Mélangez le xylitol et le Tagatesse. Réservez.
— Tamisez la composition farineuse et ajoutez le beurre coupé en petits morceaux.
— Travaillez du bout des doigts jusqu'à ce que la pâte soit sableuse et qu'il ne reste plus de beurre visible.
— Creusez un puits, cassez-y l'œuf et versez le mélange xylitol-Tagatesse.

2 — Mélangez du bout des doigts sans trop malaxer (vous obtiendrez de gros blocs de pâte).
— Déposez la pâte sur un plan de travail et écrasez-la avec la paume de la main jusqu'à ce qu'elle soit homogène.

3 — Roulez la pâte en boule fermement car la pâte sablée est dense, filmez-la et laissez-la reposer 1 h au réfrigérateur avant de la travailler (vous pouvez couper la pâte en plusieurs pâtons et les congeler).
— La pâte sablée s'abaisse difficilement au rouleau, il est préférable de tapisser le moule en étalant la pâte avec les doigts. Une fois qu'elle est répartie sur tout le moule avec 1 cm de remontée sur les bords, lissez-la en la pressant avec le fond d'un verre. Pour faciliter le travail, laissez reposer la pâte 30 min à température ambiante.
— La cuisson de la pâte seule se fait à 165 °C (th. 5-6) pendant 20 min.

Bon à savoir

Je compare souvent la pâte sablée aux châteaux de sable que nous faisions enfants : plus ou moins mouillé, le sable aura une densité différente. Il en est de même pour la pâte sablée : si vous la préférez plus moelleuse mais malgré tout croquante, incorporez 2 œufs au lieu de 1.

Glucides

Sur la base de 420 g de pâte :
12,87 % de glucides et
8,81 % de substituts du sucre.

Fraisier

Préparation : 1 h • Cuisson : 10 à 12 min • Repos au frais : 2 h

Pour 5 personnes

* 200 g de *Pâte à génoise* (p. 68)
* 320 g de *Crème mousseline* (p. 118)
* 50 g de fraises

Pour le sirop

* 20 g de Tagatesse
* 10 g de xylitol
* 2 cuil. à café d'arôme naturel de framboise
* 6 cl d'eau

Pour la décoration

* 85 g de *Glaçage fondant* (p. 28)
* 1 cuil. à café de colorant naturel alimentaire rouge
* 1 cuil. à café d'arôme naturel de fraise (facultatif)

1 — Préparez la crème mousseline selon la recette p. 118 et réservez-la au réfrigérateur.
— Préparez la pâte à génoise et faites-la cuire selon la recette p. 68. Coupez-la en 2 rectangles de taille identique (environ 12 × 16 cm chacun).
— Lavez, équeutez et séchez bien les fraises.
— Coupez 2 fraises en fines lamelles et coupez les autres en petits morceaux. Réservez.

2 — Faites bouillir le Tagatesse et le xylitol dans l'eau, puis ajoutez l'arôme de framboise.
— Placez l'un des rectangles de génoise dans un rectangle à pâtisserie de même dimension posé sur un plat recouvert de papier de cuisson, puis glissez les fines lamelles de fraises entre la génoise et le rectangle à pâtisserie en les enfonçant (une fois démoulé c'est ce qui constituera le contour du fraisier). Imbibez la génoise avec le sirop.
— Étalez la crème mousseline sur la génoise et parsemez-la de petits morceaux de fraises.
— Recouvrez le tout du deuxième rectangle de génoise.

3 — Préparez le glaçage fondant selon la recette p. 28, avec le colorant rouge (et éventuellement l'arôme naturel de fraise), puis nappez le dessus de la deuxième génoise.
— Réservez au réfrigérateur 2 h.
— Démoulez et laissez reposer 15 min avant de servir.

Variantes

– Pour ceux qui désirent une saveur de fraise plus prononcée, n'hésitez pas à préparer une *Gelée fruitée à tartiner* saveur fraise (p. 50), et à en prélever 30 g que vous étalerez sur le dessus de la première génoise (après l'avoir imbibée) ainsi que sur le dessous de la deuxième.

– Remplacez le glaçage fondant par un rectangle de *Gelée fruitée décorative* (p. 48) que vous déposerez sur le fraisier au moment du dressage.

Glucides

Par personne :
5,57 g de glucides et
31 g de substituts du sucre.
Charge glycémique :
5.

Tarte aux fruits rouges

Préparation : 1 h 10 • Cuisson : 20 min • Repos au frais : 2 h

Pour 4 personnes

* 120 g de *Pâte sablée* (p. 42)
* 150 g de *Crème pâtissière* (p. 74) + 1 feuille de gélatine
* 100 g de *Gelée fruitée décorative* saveur fraise ou framboise (p. 48)
* 4 cl de crème fraîche liquide entière
* 2 g de Tagatesse
* 30 g de fraises et/ou de framboises

1 *La veille*

— Préparez la gelée fruitée selon la recette p. 48, réalisez un disque de la taille du moule à tarte et réservez au réfrigérateur.

— Préparez la crème pâtissière selon la recette p. 74, avec l'ajout suivant : faites ramollir la feuille de gélatine 2 min dans l'eau froide, puis incorporez-la à la crème encore tiède.

2 *Le jour même*

— Avec la crème fraîche liquide et le Tagatesse, préparez une crème Chantilly selon la recette p. 114.

— Mélangez la crème pâtissière, incorporez-y la chantilly puis réservez au réfrigérateur.

— Préparez la pâte sablée selon la recette p. 42, gardez 120 g et congelez le reste (ou bien ajustez les quantités de la recette initiale).

— Étalez la pâte au rouleau et garnissez-en un moule à tarte (Ø 14 cm). Finissez de l'étaler du bout des doigts pour qu'elle remonte légèrement sur les bords.

— Enfournez-la à 165 °C (th. 5-6) pour 20 min. Toute la pâte doit être dorée.

3 — Laissez refroidir avant de répartir la crème sur la pâte cuite : lissez-la avec le dos d'une cuillère, puis déposez le disque de gelée.

— Coupez les fraises et/ou framboises en petits morceaux et répartissez-les sur toute la surface de la gelée.

— Mettez au réfrigérateur 1 ou 2 h avant dégustation.

Bon à savoir

Si vous ne souhaitez pas réaliser de gelée, vous pouvez parfumer la crème pâtissière avec de l'arôme de fraise.

Glucides

Par personne :
6,73 g de glucides et 17,59 g de substituts du sucre.
Charge glycémique :
4.

Meringues
façon macarons Mogador

Préparation : 30 min • Cuisson : 2 h 30 • Repos au frais : 48 h

Pour 30 meringues, soit 15 biscuits

* 140 g de *Meringue italienne* (p. 30) + 1 cuil. à café de colorant naturel alimentaire jaune

Pour la ganache

* 100 g de chocolat au lait Ligne Gourmande de Poulain
* 4,5 cl de crème fraîche liquide entière
* 12 g de beurre
* 1 ou 2 cuil. à café d'arôme naturel fruit de la passion

1 *48 h avant*

— Préparez la meringue selon la recette p. 30 en ajoutant le colorant alimentaire à la préparation 30 s avant d'arrêter le robot.
— Remplissez une poche munie d'une douille lisse de 1 cm de diamètre et formez 30 meringues rondes (comme des macarons) sur une plaque recouverte de papier de cuisson. Enlevez la pointe avec le dos d'une cuillère si nécessaire.
— Préchauffez le four à 100 °C (th. 3-4) et faites cuire pendant 1 h, puis laissez reposer 30 min dans le four. Faites à nouveau cuire 1 h à 100 °C (th. 3-4) en ouvrant régulièrement la porte du four pour faire sortir l'humidité.
— Sortez les meringues du four et réservez 2 jours au réfrigérateur.

2 *Le jour même*

— Hachez finement le chocolat et mettez-le dans un saladier.
— Portez la crème fraîche à ébullition et versez-la en 3 fois sur le chocolat sans cesser de remuer avec une spatule en bois, puis incorporez le beurre et l'arôme fruit de la passion en mélangeant délicatement (mettez d'abord 1 cuil. à café, puis goûtez ; ajoutez encore 1 cuil. à café si nécessaire, renouvelez éventuellement l'opération jusqu'à l'obtention de la saveur qui vous convient).
— Mettez la ganache dans un plat en verre et couvrez-la d'un film alimentaire au contact de la surface.
— Laissez refroidir au réfrigérateur jusqu'à obtenir une consistance pommade.

3 — Soudez les meringues deux à deux avec une couche de ganache de 2 à 3 mm d'épaisseur. Réservez au frais et sortez les meringues du réfrigérateur 5 min avant de servir.

Glucides

Par meringue :
0,88 g de glucides et 9,5 g de substituts du sucre.
Charge glycémique :
2.

Variantes

D'autres garnitures peuvent convenir pour ces meringues, telles que de la *Gelée fruitée à tartiner* (p. 50) ou une *Crème au beurre* aromatisée (p. 29).

Gelée fruitée décorative

Préparation : 5 min • Repos total au frais : 2 h

Pour 190 g de gelée

* 11 cl d'eau
* 85 g d'isomalt
* 2 cuil. à café d'arôme naturel du fruit de votre choix
* 1 cuil. à café de colorant naturel alimentaire, à choisir en fonction de l'arôme
* 1 g d'agar-agar

1 — Versez l'eau dans une casserole, ajoutez les autres ingrédients et portez à ébullition la préparation pendant 30 s en mélangeant de temps en temps avec une spatule en bois.

2 — Laissez refroidir la gelée à température ambiante pendant 40 à 50 min. Elle peut alors être travaillée pour réaliser un disque ou un rectangle.
— Pour ce faire, déposez un cercle ou un rectangle à pâtisserie, en fonction de votre recette, sur un plat lisse et plan recouvert de papier de cuisson.

3 — Versez la gelée, mettez éventuellement du poids sur le cercle ou le rectangle pour éviter que la gelée coule, puis réservez au réfrigérateur 1 h à 1 h 30 jusqu'à ce que la gelée soit prise.
— Si vous ne souhaitez pas réaliser de disque de gelée, après 40 à 50 min, versez la gelée dans un pot en verre et réservez 1 h à 1 h 30 au réfrigérateur avant utilisation.

Bon à savoir

– Afin de doser l'agar-agar le plus correctement possible, versez sur la balance l'intégralité d'un sachet de 4 g, puis divisez-le en 4 petits tas, cela affinera la pesée.

– Cette gelée se conserve bien 24 à 48 h. Au-delà, l'isomalt cristallise et perd de sa transparence.

Glucides

Sur la base de 190 g de gelée :
0 % de glucides et
44,74 % de substituts du sucre.

Pensez-y !

Variations autour d'un café gourmand

Certaines pâtisseries de cet ouvrage sont bien en deçà de 7 g de glucides par portion, alors n'hésitez pas à ravir vos convives en associant les plaisirs : concoctez-leur un café gourmand.

Café gourmand pour 8 personnes

* La veille, préparez la *Glace au praliné* (p. 90) et les *Petits flans façon* pasteis de nata (p. 138).

* Le jour même, préparez le *Brownie* (p. 92), que vous ferez cuire dans 8 petits moules au lieu de 6. Réduisez alors le temps de cuisson de 2 min.

* Au moment de servir le café, dressez les assiettes avec 1 petit flan, 1 mini-brownie et 1 boule de glace au praliné.
Ne filtrez pas la crème anglaise lors de la préparation de la glace : vous pourrez ainsi en conserver une partie que vous déposerez sur la table, pour que les gourmands puissent en napper leur mini-brownie.

Autre café gourmand

* Préparez des *Cannelés* (p. 140).

* Préparez une *Meringue italienne* (p. 30) : prélevez-en 85 g pour préparer une *Mousse fruitée* (p. 58), réalisez des petites *Meringues croquantes* (p. 30) avec le reste. Poudrez-les d'un peu de *Pralin* (p. 22) avant cuisson.

* Servez 1 petite meringue croquante au pralin, 1 verrine de mousse fruitée et 1 cannelé par personne.

Mini-verrines de mousse cappuccino

* Préparez des mousses au café selon la recette de la *Mousse fruitée* (p. 58) en remplaçant l'arôme de fruit par 1 sachet de café soluble. Poudrez-les de cacao non sucré au moment de servir.

Gelée fruitée
à tartiner

Préparation : 5 min • Repos total au frais : 2 h

Pour 120 g de gelée

* 8,5 cl d'eau
* 1 feuille de gélatine
* 2 cuil. à café d'arôme naturel du fruit de votre choix
* 1 cuil. à café de colorant naturel alimentaire, à choisir en fonction de l'arôme
* 20 g de Tagatesse
* 15 g de xylitol

1 — Versez l'eau dans une casserole, ajoutez les autres ingrédients excepté la feuille de gélatine et portez à ébullition en mélangeant de temps en temps avec une spatule en bois.

2 — Faites ramollir la gélatine dans un bol d'eau froide pendant 2 min. Pendant ce temps, laissez refroidir la préparation. Au bout de 2 min, incorporez la feuille de gélatine en remuant avec une spatule en bois.

3 — Laissez refroidir à température ambiante pendant 40 à 50 min.

Glucides

Sur la base de 120 g de gelée :
0 % de glucides et
29,17 % de substituts du sucre.

Crème glacée fruitée

Préparation : 20 min + sorbetière

Pour 250 g de glace, soit 3 personnes

* 250 g de *Crème anglaise* [p. 75]
* 2 cuil. à café d'arôme naturel du fruit de votre choix
* 1 cuil. à café de colorant naturel alimentaire, à choisir en fonction de l'arôme

1 — Préparez la crème anglaise selon la recette p. 75.
— Après avoir filtré la crème, ajoutez l'arôme naturel de votre choix et le colorant alimentaire à la crème encore chaude. Mélangez bien.

2 — Une fois la préparation refroidie, mettez-la dans une sorbetière, et suivez les instructions du fabricant.

Variante

Milk-shake : mettez 3 boules de glace dans un mixeur, ajoutez-y 25 cl de lait. Mixez le tout jusqu'à obtenir un milk-shake bien mousseux. Pour une recette encore plus gourmande, agrémentez le tout d'une pointe de *Crème fouettée* ou de *Crème Chantilly* maison [p. 114].

Glucides

Par portion :
4,78 g de glucides et 13,33 g de substituts du sucre. Soit 5,74 % de glucides et 16 % de substituts du sucre.
Charge glycémique :
2.

Aumônières de crêpes à la framboise

Préparation : 1 h • Repos au frais : 2 h • Cuisson : 25 min

Pour 6 aumônières

* 6 *Crêpes* (p. 70)
* 320 g de *Crème mousseline* (p. 118)
* 50 g de framboises

1 — Préparez la crème mousseline selon la recette p. 118.

2 — Réalisez 6 crêpes de 18 à 20 cm de diamètre selon la recette p. 70. Laissez refroidir.

3 — Divisez la préparation de crème mousseline en 6 portions de poids identique.
— Déposez une portion au centre de chaque crêpe.
— Déposez quelques framboises dans la crème mousseline.
— Fermez la crêpe comme pour former un sachet. Attachez le haut avec un bout de raphia de couleur ou de bolduc ou, à défaut, avec une ficelle alimentaire. Réservez au réfrigérateur.

Bon à savoir

Ici les crêpes sont un peu plus petites que dans la recette de base et donc plus épaisses et plus solides ; elles supporteront mieux le poids de la garniture.

Glucides

Par aumônière :
5,07 g de glucides et 10 g de substituts du sucre.
Charge glycémique :
3.

Crème bavaroise

Préparation : 35 min • Cuisson : 5 min • Repos au frais : 30 min

Pour 500 g de crème bavaroise

* 250 g de *Crème anglaise* (p. 75) + 2 feuilles de gélatine
* 250 g de *Crème fouettée* (p. 114)

1 — Préparez la crème anglaise selon la recette p. 75, mais, avant de la filtrer, plongez les feuilles de gélatine dans un bol d'eau froide afin de les ramollir.

2 — Filtrez la crème anglaise encore chaude, et incorporez avec une spatule en bois les feuilles de gélatine jusqu'à dissolution complète. Réservez dans un bain d'eau glacée.
— Pendant que la crème anglaise refroidit, préparez la crème fouettée selon la recette p. 114.

3 — Sortez la crème anglaise du bain d'eau et incorporez la crème fouettée en soulevant la préparation avec une maryse. Vous obtenez une crème bavaroise.
— Vous pouvez l'utiliser immédiatement ou la réserver. Elle se conserve au maximum 48 h au réfrigérateur.

Bon à savoir

La crème bavaroise sert essentiellement à la confection des bavarois, entremets généralement à la mousse de fruits éventuellement parfumée d'un alcool. Elle s'aromatise à volonté.

Glucides

Sur la base de 500 g de crème :
4,47 % de glucides et
8 % de substituts du sucre.

Gâteau roulé à la gelée fruitée

Préparation : 20 min • Cuisson : 10 à 15 min • Repos au frais : 2 h

Pour 4 personnes

* 280 g de *Pâte à biscuit à rouler* (p. 36)
* 120 g de *Gelée fruitée à tartiner* aromatisée selon votre goût (p. 50)

1 — Préparez la gelée à tartiner selon la recette p. 50 et réservez au réfrigérateur.

2 — Pendant ce temps, préparez le biscuit à rouler selon la recette p. 36.
— Sortez-le du four et déposez-le, en le retournant, sur du papier de cuisson.

3 — Nappez de la garniture de votre choix et roulez le biscuit le plus régulièrement possible, en vous aidant du papier de cuisson pour le contenir et éviter qu'il se déchire.
— Laissez reposer 2 h au réfrigérateur avant de servir.

Variantes

– Vous pouvez remplacer la gelée fruitée par une ganache au chocolat (voir la recette de l'*Opéra*, p. 80), par une *Crème pâtissière* (p. 74) aromatisée ou nature avec des pépites de chocolat.

– En version festive, préparez une *Crème mousseline* à la vanille (p. 118) et un *Caramel au beurre salé* (p. 69). Nappez le biscuit avec le caramel, puis avec la crème mousseline avant de le rouler.

Glucides

Par personne :
4,11 g de glucides et 17,5 g de substituts du sucre.
Charge glycémique :
4 nature, 5 avec la ganache au chocolat, 5 avec la crème pâtissière et 25 g de pépites de chocolat, 5 avec la crème mousseline et 75 g de caramel.

Mousse fruitée

Préparation : 30 min • Repos au frais : 4 à 5 h

Pour environ 250 g de mousse, soit 3 belles parts

* 85 g de *Meringue italienne* (p. 30)
* 11 cl de crème fraîche liquide entière
* 1 cuil. à café d'arôme naturel du fruit de votre choix
* 1 cuil. à café de colorant naturel alimentaire
* 5 cl d'eau
* 2 feuilles de gélatine
* Quelques fruits pour la décoration (facultatif)

1 — Préparez la meringue italienne selon la recette p. 30.
— Avec la crème fraîche liquide, préparez une crème fouettée selon la recette p. 114.

2 — Mélangez l'arôme et le colorant dans l'eau. Si l'arôme se présente sous la forme de feuilles à infuser (menthe, thé...), faites préalablement bouillir l'eau et laissez infuser 4 min.
— Faites ramollir la gélatine dans un bol d'eau froide, puis faites-la fondre au bain-marie.

3 — Ajoutez la gélatine fondue à la préparation aromatisée et remuez pour la dissoudre complètement.
— Incorporez la meringue italienne, puis la crème fouettée en soulevant délicatement à l'aide d'une spatule en bois.
— Mettez au réfrigérateur et dégustez lorsque la préparation a acquis une consistance de mousse (comptez environ 3 à 4 h ; pour une mousse ferme, comptez 5 h).

Bon à savoir

– Avec les 55 g de meringue italienne restants, préparez des *Meringues façon macarons Mogador* (p. 46).

– Vous pouvez ajouter un morceau de fruit sur le dessus de la mousse pour une décoration gourmande.

Glucides
Par personne :
1,27 g de glucides et
20,24 g de substituts du sucre.
Charge glycémique :
2.

Très
nature

Cheesecake

Préparation : 40 min • Cuisson totale : 1 h 45 • Repos au frais : 4 h

Pour 6 personnes

* 8 *Sablés nature* (p. 65)
* 400 g de Philadelphia
* 50 g de beurre
* 20 cl de crème fraîche liquide
* 2 œufs
* 30 g de Tagatesse
* 20 g de xylitol
* 1 cuil. à café d'arôme naturel de vanille
* 1 cuil. à soupe d'huile neutre (pour le moule)

20 g de composition farineuse

* 12 g de farine de blé T55
* 5 g de gluten
* 3 g de farine de coco

1 — Préparez les sablés selon la recette p. 65. Faites-les cuire et laissez-les refroidir.
— Faites fondre le beurre. Réservez.

2 — Mixez les biscuits sablés sans les réduire en poudre et mélangez-les avec le beurre fondu.
— Graissez les rebords d'un cercle à pâtisserie (Ø 16 cm). Posez-le sur une plaque recouverte de papier de cuisson.
— Étalez la pâte à base de biscuits dans le fond du cercle.
— Préparez la composition farineuse, puis tamisez-la.

3 *Préparation de la crème*
— Mixez le Philadelphia pendant 2 min avec le Tagatesse et le xylitol, puis mettez la préparation dans un saladier.
— Ajoutez les œufs, la crème fraîche liquide et l'arôme de vanille, et mélangez jusqu'à ce que la préparation soit lisse. Puis ajoutez la composition farineuse.
— Préchauffez le four à 120 °C (th. 4).
— Versez la préparation au fromage sur le fond du cercle recouvert du mélange à base de biscuits, puis enfournez pour 1 h 15 à 1 h 30. Vérifiez la cuisson (le dessus doit être jaune sans brunir).
— Réservez au réfrigérateur pendant au moins 4 h.

Variantes

– Vous pouvez aromatiser les sablés avec de la cannelle ou encore du cacao en poudre non sucré.

– À défaut de Philadelphia, utilisez de la ricotta, du mascarpone, du Saint-Morêt, etc. Dans ce cas, vérifiez que l'écart de la quantité de glucides entre le Philadelphia et l'autre fromage que vous aurez choisi n'est pas significatif.

Glucides
Par personne :
6,79 g de glucides et
10,08 g de substituts du sucre.
Charge glycémique :
4.

Gâteau au yaourt

Préparation : 20 min • Cuisson : 25 à 30 min

Pour 8 à 10 personnes

* 1 yaourt nature
* 3 œufs
* 10 cl d'huile neutre + 1 cuil. à soupe (pour le moule)
* 50 g de Tagatesse
* 5 cl d'eau
* 35 g de xylitol
* 11 g de levure chimique (soit 1 sachet)

230 g de composition farineuse

* 75 g de gluten
* 25 g de farine de blé T55
* 10 g de farine de blé T150
* 50 g de farine de coco
* 70 g de farine de lupin

1 — Préparez la composition farineuse, puis tamisez-la. Réservez.
— Mélangez le Tagatesse et le xylitol. Réservez.
— Séparez les blancs des jaunes d'œufs, et réservez.

2 — Dans un saladier, mélangez le yaourt et les jaunes d'œufs.
— Ajoutez le mélange Tagatesse-xylitol, puis la composition farineuse, et mélangez bien.
— Versez l'huile, l'eau, puis la levure chimique. Remuez bien.

3 — Battez les blancs en neige ferme et incorporez-les sans avoir peur de les casser, en les écrasant (la pâte doit devenir plus souple).
— Graissez un moule à manquer (Ø 22 cm). Versez-y la pâte. Ne soyez pas inquiet si elle est dense : répartissez-la à l'aide d'une maryse.
— Préchauffez le four à 170 °C (th. 5-6), puis enfournez pour 25 à 30 min.

Bon à savoir

Préférez un yaourt nature à faible taux de glucides sachant que le taux peut varier de 3,8 à 6,6 g selon les marques.

Variantes

Apportez davantage de saveur au gâteau en ajoutant à la pâte 1 cuil. à café d'arôme naturel de citron ou d'orange (le zeste contenant des glucides, il est préférable d'utiliser des arômes), ou encore de la vanille liquide... Il n'en sera que meilleur.

Glucides

Sur la base de 8 parts, par personne :
6,8 g de glucides et 10 g de substituts du sucre.
Charge glycémique :
4.

Sablés nature

Préparation : 15 min • Cuisson : 15 à 20 min • Repos au frais : 1 h

Pour 230 g de pâte, soit environ 16 sablés

* 60 g de beurre doux
* 1 œuf
* 15 g de Tagatesse
* 6 g de xylitol
* 1 petite pincée de sel

100 g de composition farineuse
* 30 g de gluten
* 16 g de farine de blé t55
* 10 g de farine de blé t150
* 22 g de farine de coco
* 22 g de farine de lupin

1 — Mélangez le xylitol et le Tagatesse. Réservez.
— Préparez la composition farineuse, puis tamisez-la.
— Incorporez le sel et le beurre coupé en petits morceaux.
— Travaillez la pâte du bout des doigts jusqu'à ce qu'elle soit sableuse et que le beurre ne soit plus visible.

2 — Creusez un puits dans la pâte, cassez-y l'œuf et versez le mélange xylitol-Tagatesse.
— Mélangez du bout des doigts sans trop malaxer.
— Déposez la pâte sur un plan de travail et écrasez-la avec la paume de la main jusqu'à ce qu'elle soit homogène. Formez un boudin de 13 à 14 cm de long.
— Entourez de film alimentaire. Laissez reposer 1 h au réfrigérateur,

3 — Préchauffez le four à 170 °C (th. 5-6).
— Sortez la pâte du réfrigérateur et détaillez-la en 16 rondelles de 0,5 cm d'épaisseur. Disposez-les sur une plaque recouverte de papier de cuisson.
— Enfournez pour 15 à 20 min de cuisson.

Variantes

À cette base de sablés nature, vous pouvez ajouter, selon votre goût, 30 g de pépites de chocolat, de la cannelle, du cacao en poudre non sucré, 30 g de noisettes concassées, de l'arôme naturel de citron ou de vanille...

Glucides
Par sablé :
1,65 g de glucides et 1,31 g de substituts du sucre.
Charge glycémique :
1 nature, aromatisés, aux noisettes ou au chocolat maison ; 2 au chocolat Ligne gourmande.

Flan pâtissier

Préparation : 30 min • Cuisson : 30 à 40 min • Repos total au frais : 3 h

Pour 4 personnes

* 20 g de *Pâte brisée* (p. 32, facultatif)
* 4 œufs (1 entier + 3 jaunes)
* 34 cl de lait entier
* 2 cl de crème fraîche liquide entière
* 2 g d'agar-agar
* 1 gousse de vanille
* 15 g de Tagatesse
* 10 g de xylitol
* 20 g d'isomalt (à défaut, ajoutez 5 g de Tagatesse aux 15 g déjà présents)

23 g de composition farineuse

* 8 g de farine de blé T55
* 15 g de farine de lupin

1 — Préparez la pâte brisée selon la recette p. 32.
— Déposez un cercle à pâtisserie (Ø 16 cm) sur une plaque recouverte de papier de cuisson.
— Facultatif : étalez la pâte brisée en formant une bande de 2 cm de large et déposez-la sur le bord intérieur du cercle, afin de réaliser une couronne (ce sera le contour du flan pâtissier). Réservez.

2 — Préparez la composition farineuse.
— Préchauffez le four à 170 °C (th. 5-6).
— Portez le lait à ébullition avec l'isomalt, la gousse de vanille fendue et l'agar-agar.
— Battez l'œuf et les 3 jaunes d'œufs avec le Tagatesse et le xylitol en évitant de trop faire mousser, puis ajoutez la composition farineuse. Mélangez et versez lentement le lait bouillant en remuant constamment avec une spatule en bois.
— Remettez la préparation dans la casserole et faites cuire à feu doux sans cesser de remuer à la spatule en bois pendant 2 à 3 min jusqu'à ce que la préparation épaississe.

3 — Versez la préparation dans le moule garni de pâte brisée et enfournez pour 30 à 40 min. Laissez refroidir et réservez au réfrigérateur pendant 2 à 3 h avant de servir.

Glucides

Par personne :
6,85 g de glucides et
11,25 g de substituts du sucre.
Charge glycémique :
4.

Pâte à génoise

Préparation : 15 min • Cuisson : 10 à 12 min

Pour 200 g de pâte

* 3 œufs
* 15 g de beurre
* 15 g de Tagatesse
* 8 g de xylitol
* 3 g de levure chimique

50 g de composition farineuse

* 15 g de gluten
* 12 g de farine de blé T55
* 5 g de farine de blé T150
* 8 g de farine de coco
* 10 g de farine de lupin

1 — Préparez la composition farineuse et ajoutez-y la levure chimique.
— Faites fondre le beurre lentement dans une casserole et laissez-le tiédir.
— Au bain-marie, travaillez au fouet à main dans un récipient les œufs, le Tagatesse et le xylitol, jusqu'à ce que le mélange atteigne une température située entre 55 et 60 °C (si vous n'avez pas de sonde, c'est une température encore supportable au doigt). Retirez le mélange du feu et mettez-le dans le robot pâtissier, puis fouettez jusqu'à complet refroidissement.

2 — Prélevez 2 cuil. à soupe de ce mélange, placez-les dans un bol et incorporez-y le beurre fondu encore un peu tiède.
— Versez la composition farineuse tamisée en pluie dans la préparation d'œufs et incorporez-la en soulevant la pâte avec une maryse, puis ajoutez délicatement le contenu du bol.

3 — Versez la pâte à génoise dans un rectangle à pâtisserie ou un moule de 25 x 18 cm.
— Faites cuire à 180 °C (th. 6) pendant 10 à 12 min. Démoulez lorsque la pâte est encore chaude.
— Si vous souhaitez confectionner un gâteau rond, par exemple une forêt-noire, faites cuire la génoise dans 2 cercles à pâtisserie (Ø 16 cm), ou un seul cercle, mais dans ce cas il faudra la découper en 2 disques de même épaisseur. Selon votre choix, attention au temps de cuisson.

Variante

Génoise au chocolat : ajoutez 10 g de cacao en poudre non sucré à la composition farineuse, après avoir incorporé la levure chimique.

Glucides

Sur la base de 200 g de pâte :
8,57 % de glucides et
11,50 % de substituts du sucre.

Caramel au beurre salé

Préparation : 10 min • Cuisson : quelques minutes

Pour 75 g de caramel

* 15 g de beurre demi-sel
* 5 cl de crème fraîche liquide entière
* 40 g de Tagatesse

1 — Dans une casserole, portez la crème à ébullition et laissez refroidir.
— Dans une autre casserole, à feu doux, faites fondre le Tagatesse en l'ajoutant petit à petit, jusqu'à ce qu'il caramélise d'une couleur claire (attention, ne faites pas trop brunir le caramel sinon il risque de devenir piquant).

2 — Interrompez la cuisson en jetant le beurre demi-sel sur le caramel et remuez énergiquement avec un fouet à main, puis ajoutez la crème fraîche liquide.

3 — Remettez sur le feu et faites bouillir, puis retirez du feu.
— Remuez bien, laissez refroidir et réservez au réfrigérateur.

Bon à savoir

– À défaut de beurre demi-sel, utilisez du beurre doux et ajoutez une pincée de fleur de sel ou de sel fin.

– Voir photo du caramel p. 71.

Glucides

Sur la base de 75 g de caramel :
2,25 % de glucides et
53,33 % de substituts du sucre.

Crêpes

Préparation : 10 min • Repos au frais : 2 h • Cuisson : 25 min

Pour 6 crêpes (Ø 22 cm)

* 2 œufs
* 13 cl de lait entier
* 1 cl de crème fraîche liquide
* 10 g de beurre fondu
* 10 g de beurre (pour la poêle)
* 2 cl d'eau
* 1 cuil. à soupe de rhum ou d'eau de fleur d'oranger
* 1 gousse de vanille (facultatif)
* 5 g de Tagatesse
* 1 petite pincée de sel

50 g de composition farineuse

* 15 g de gluten
* 5 g de farine de blé T55
* 10 g de farine de blé T150
* 5 g de farine de coco
* 15 g de farine de lupin

1 — Préparez la composition farineuse, puis tamisez-la.
— Ajoutez le Tagatesse, la pincée de sel, puis incorporez les œufs.

2 — Délayez avec le lait (dans lequel vous avez fait éventuellement infuser la gousse de vanille) et l'eau.
— Ajoutez le beurre fondu et le rhum ou l'eau de fleur d'oranger, puis incorporez la crème fraîche liquide.

3 — Couvrez d'un torchon propre et laissez reposer au moins 2 h à température ambiante.
— Au moment de l'utilisation, si la pâte est trop épaisse, délayez-la avec de l'eau.
— Beurrez une poêle ou une crêpière (Ø 22 cm). Quand elle est bien chaude, versez-y une petite louche de pâte. Laissez cuire environ 2 à 3 min.
— Décollez les bords de la crêpe à l'aide d'une spatule. Quand elle n'accroche plus, retournez-la et poursuivez la cuisson de l'autre côté environ 2 min. Procédez de même pour les 5 autres crêpes.

Bon à savoir

Vous pouvez garnir les crêpes de *Gelée fruitée à tartiner* (p. 50), de *Caramel au beurre salé* (p. 69) ou d'une pâte à tartiner adaptée aux diabétiques (de marque Karéléa) que l'on trouve en grande surface, au rayon diététique.

Glucides

Pour 1 crêpe nature :
3,4 g de glucides et
0,83 g de substituts du sucre ;
au caramel :
3,7 g de glucides et
7,5 g de substituts du sucre ;
à la gelée fruitée :
3,4 g de glucides et
6,7 g de substituts du sucre.
Charge glycémique (crêpe nature, au caramel ou à la gelée) :
2.

Millefeuille

Préparation : 1 h 20 • Cuisson : 20 min • Repos total au frais : 4 h

Pour 4 personnes

- 160 g de *Pâte feuilletée inversée* (p. 34)
- 200 g de *Crème Chiboust* (p. 115) + 1 gousse de vanille
- 1 cuil. à café de Tagatesse

1 — Préparez la crème Chiboust selon la recette p. 115, en ajoutant les grains de la gousse de vanille au lait avant de le faire tiédir.

2 — Préparez la pâte feuilletée inversée selon la recette p. 34, et réservez au réfrigérateur.
— Préchauffez le four à 200 °C (th. 6-7).
Pour un dressage classique
— Étalez la pâte feuilletée jusqu'à obtenir une bande de 40 × 10 cm.
— Coupez-la en 2 morceaux égaux dans le sens de la largeur, ou découpez 8 rectangles dans la pâte pour des millefeuilles individuels.
Pour un dressage original
— Découpez la pâte dans le sens de la longueur, puis en 4 de façon à obtenir 4 rectangles de 10 × 5 cm que vous pourrez poser sur la tranche.
— Poudrez les rectangles de Tagatesse.

3 — Enfournez pour 5 min à 200 °C (th. 6-7), puis ouvrez quelques secondes la porte du four, baissez la température à 175 °C (th. 5-6) et poursuivez la cuisson encore 15 min.
— Une fois la pâte feuilletée refroidie, dressez la crème Chiboust entre 2 couches de pâte. Aidez-vous de rectangles à pâtisserie. Si la crème n'est pas assez ferme pour le dressage, mettez-la 10 min au congélateur.
— Placez au réfrigérateur et sortez juste avant de servir.

Glucides
Par personne :
6,67 g de glucides et
10 g de substituts du sucre.
Charge glycémique :
4.

Crème pâtissière

Préparation : 30 min • Cuisson : 8 min • Repos au frais : 2 h

Pour 230 g de crème

* 16,5 cl de lait entier
* 2 œufs (jaunes)
* 5 g de farine de blé T55
* 3 g de gluten
* 20 g de beurre de cacao
* 10 g de Tagatesse
* 10 g de xylitol

1 — Mélangez la farine T55 et le gluten. Réservez.
— Mélangez les jaunes d'œufs avec le Tagatesse jusqu'à ce que le mélange blanchisse, puis ajoutez le mélange farine-gluten.
— Faites fondre lentement le beurre de cacao jusqu'à 40 °C et réservez dans une casserole.

2 — Dans une autre casserole, versez le lait, ajoutez le xylitol, puis faites tiédir le mélange.
— Prélevez 3 cuil. à soupe de ce mélange lait-xylitol et incorporez-les à l'appareil de jaunes d'œufs. Mélangez et ajoutez ce mélange au lait tiède sur le feu, puis, à feu doux, remuez jusqu'à ébullition.
— Enlevez du feu la casserole et plongez-la immédiatement dans l'eau glacée afin d'arrêter la cuisson.

3 — Lorsque la préparation a tiédi (50 °C), versez le beurre de cacao fondu et remuez jusqu'à rendre le mélange homogène (attention, le beurre de cacao doit être à une température inférieure à 50 °C et supérieure à 35 °C pour fusionner avec la crème).
— Réservez la crème pâtissière 2 h au réfrigérateur en la couvrant d'un film alimentaire.

Bon à savoir

– Si vous n'avez pas de beurre de cacao, vous pouvez incorporer 25 g de beurre traditionnel à température ambiante. Vous l'ajouterez coupé en morceaux lorsque la préparation a refroidi et qu'elle est à 60 °C. Vous obtiendrez une texture un peu différente d'une crème pâtissière classique mais tout de même onctueuse et savoureuse.

– Si, pour les besoins d'une recette, vous n'utilisez pas la totalité de cette préparation, sachez que la crème pâtissière se conserve 48 h au maximum au réfrigérateur.

Glucides

Sur la base de 230 g de crème :
5,19 % de glucides et
8,70 % de substituts du sucre.

Crème anglaise

Préparation : 20 min • Cuisson : 5 min

Pour 250 à 300 g de crème (après filtrage)

* 15 cl de lait entier
* 20 cl de crème fraîche liquide
* 4 œufs (jaunes)
* 22 g de Tagatesse
* 18 g de xylitol

1 — Portez à ébullition le lait, la crème fraîche liquide et le xylitol, puis réservez-les dans la casserole pendant 10 min.

2 — Dans un bol, fouettez les jaunes d'œufs avec le Tagatesse pendant 2 à 3 min, puis versez le lait progressivement en remuant.
— Remettez la préparation dans la casserole, à feu moyen, et travaillez la crème à la spatule jusqu'à ce qu'elle atteigne la température de 83 °C (juste avant l'ébullition).

3 — Retirez la casserole du feu, puis continuez à remuer lentement avec la spatule pour rendre la préparation onctueuse.
— Filtrez-la à l'aide d'une passoire fine dans un bol et plongez ce bol dans l'eau glacée pour interrompre la cuisson.
— Remuez de temps en temps pour éviter la formation d'une pellicule.
— Couvrez d'un film alimentaire et réservez au réfrigérateur jusqu'à utilisation.

Bon à savoir

La crème anglaise se consomme idéalement dans un délai de 24 h. Si vous n'utilisez pas la totalité de cette préparation, sachez que la crème anglaise se conserve 48 h au maximum au réfrigérateur.

Glucides

Sur la base de 250 g de crème :
5,74 % de glucides et
16 % de substituts du sucre.
Charge glycémique, sur la base d'une portion de 50 g :
1.

Du **chocolat**, sinon rien !

Pâte à biscuit Joconde

Préparation : 30 min • Cuisson : 20 min

Pour 270 g de pâte

* 15 g de farine de blé T55
* 4 g de gluten
* 12 g de beurre
* 4 œufs (2 entiers + 2 blancs)
* 65 g de poudre d'amande
* 30 g d'isomalt
* 14 g (10 + 4) de Tagatesse

1 — Mélangez la farine et le gluten, puis tamisez le mélange. Réservez.
— Faites fondre le beurre et laissez-le refroidir.
— À l'aide d'un mixeur, réduisez le plus possible en poudre l'isomalt et 10 g de Tagatesse, puis tamisez-les et mélangez-les avec la poudre d'amande dans le cul-de-poule du robot pâtissier. N'incorporez pas les billes d'isomalt non réduites.
— Ajoutez les œufs entiers l'un après l'autre, et fouettez à vitesse rapide pendant 7 min. Puis versez la préparation dans un saladier.
— Incorporez un peu de beurre fondu, puis la totalité. Mélangez bien.

2 — Préchauffez le four à 180 °C (th. 6).
— Montez les blancs en neige en leur incorporant peu à peu les 4 g de Tagatesse restants.
— Incorporez progressivement un peu de blancs en neige dans la pâte en soulevant légèrement, puis le reste des blancs. Versez ensuite le mélange farine-gluten en pluie pour bien l'incorporer.

3 — Étalez la pâte à biscuit dans un rectangle à pâtisserie ou un moule (25 x 18 cm). Lissez la surface avec le dos d'une fourchette de façon à homogénéiser l'épaisseur de la pâte (enfoncez un cure-dent à différents endroits pour mieux évaluer l'épaisseur). Ne soyez pas surpris par la très faible épaisseur, c'est ce qu'il faut pour les entremets.
— Enfournez immédiatement (sinon la pâte à biscuit retombe) pour 20 min de cuisson. Démoulez le biscuit sur du papier de cuisson lorsqu'il est encore chaud et attendez le refroidissement complet avant de servir.

Variante

Pâte à biscuit Joconde au chocolat : ajoutez 10 g de cacao en poudre non sucré dans les blancs en neige après avoir incorporé le Tagatesse, et laissez tourner quelques secondes le robot pour bien mélanger le chocolat.

Glucides

Sur la base de 270 g de pâte :
6,32 % de glucides et
16,30 % de substituts du sucre.

Croustillant
aux deux chocolats

Préparation : 1 h 30 • Cuisson : 15 min • Repos au frais : 3 à 4 h

Pour 6 personnes

* 250 g de *Mousse au chocolat noir* (p. 95)
* 200 g de *Mousse légère au chocolat au lait* (p. 96)
* 140 g de *Pâte à biscuit à rouler* (p. 36)
* 60 g de *Pralin* (p. 22)
* 60 g de *Praliné* (p. 22)
* 45 g de *Glaçage brillant traditionnel au chocolat* (p. 101)

1 *4 h avant ou, mieux, la veille*

— Préparez le pralin et le praliné selon la recette p. 22 et mélangez-les.
— Préparez la mousse au chocolat noir selon la recette p. 95 et réservez au réfrigérateur.
— Préparez la mousse au chocolat au lait selon la recette p. 96 et réservez au réfrigérateur.

2 *Le jour même*

— Préparez une pâte à biscuit à rouler selon la recette p. 36 en divisant par 2 les quantités. Faites cuire dans un cercle à pâtisserie (Ø 16 cm) comme indiqué.
— Préparez un glaçage brillant traditionnel au chocolat selon la recette p. 101.

3 *Dressage*

— Déposez le biscuit à rouler au fond d'un cercle à pâtisserie (Ø 16 cm) que vous aurez déposé sur une plaque recouverte de papier de cuisson.
— Déposez le praliné sur le biscuit et lissez-le avec le dos d'une cuillère. Sur le praliné, étalez la mousse au chocolat noir, puis celle au chocolat au lait et recouvrez de glaçage brillant au chocolat. Réservez au réfrigérateur jusqu'au moment de servir.

Glucides

Par personne :
5,45 g de glucides et
20,66 g de substituts du sucre.
Charge glycémique :
6 avec le chocolat Ligne Gourmande, et 4 avec le chocolat maison.

Opéra

Préparation : 1 h 30 • Cuisson : 20 min • Repos au frais : 2 h

Pour 4 personnes

* 120 g de *Crème au beurre* (p. 29) + 1/2 à 1 sachet de café soluble selon votre goût
* 270 g de *Pâte à biscuit Joconde* (p. 78)
* 25 g de *Glaçage brillant traditionnel au chocolat* (p. 101)
* Feuille d'or alimentaire (facultatif)

Pour la ganache au chocolat

* 30 g de chocolat noir Ligne Gourmande de Poulain
* 15 g de chocolat au lait Ligne Gourmande de Poulain
* 1 cl de lait entier
* 1,5 cl de crème fraîche liquide
* 14 g de beurre

Pour le sirop

* 3 cl d'eau
* 1 sachet de café soluble
* 10 g de Tagatesse
* 8 g de xylitol

1 — Préparez le biscuit Joconde selon la recette p. 78, puis découpez 3 rectangles identiques de 18 × 8 cm.
— Préparez la ganache : hachez le chocolat et portez à ébullition la crème fraîche liquide et le lait.
— Versez le mélange crème-lait en 3 fois sur le chocolat en remuant et ajoutez le beurre pour lisser la ganache. Mettez 10 min au congélateur, puis réservez au réfrigérateur avant utilisation.

2 — Préparez la crème au beurre selon la recette p. 29 en divisant les quantités par 2, et lors de l'incorporation du beurre, ajoutez le café soluble. Réservez à température ambiante.
— Préparez le sirop d'imbibage : diluez le café dans l'eau, puis portez à ébullition avec le Tagatesse et le xylitol.
— Imbibez généreusement les 3 rectangles avec un pinceau.

3 — Dans un cadre à pâtisserie de même dimension que les rectangles de biscuit, ou à défaut sur un plat, déposez un rectangle de pâte, imbibez-le à nouveau, puis couvrez-le de la moitié de la crème au beurre en lissant. Déposez le deuxième rectangle de pâte, imbibez-le et recouvrez-le de la ganache au chocolat en lissant.
— Mettez le dernier rectangle, imbibez-le et recouvrez-le du reste de crème au beurre. Réservez au réfrigérateur.
— Préparez le glaçage brillant selon la recette p. 101 en divisant les quantités par 2, et dès qu'il a refroidi sans se solidifier, nappez-en le dessus du gâteau.
— Réservez l'opéra pendant 2 h au réfrigérateur et sortez-le 15 min avant de servir. Décorez éventuellement d'une touche de feuille d'or.

Glucides

Par personne :
5,62 g de glucides et 26,24 g de substituts du sucre.
Charge glycémique :
6 avec le chocolat Ligne Gourmande, et 5 avec le chocolat maison.

Duos de crèmes dessert
vanille-chocolat

Préparation : 25 min • Cuisson : 40 min • Repos au frais : 1 h

Pour 4 crèmes

Pour la crème à la vanille
* 20 cl de lait
* 5 cl de crème fraîche liquide entière
* 2 œufs
* 1/4 à 1/2 cuil. à café rase d'agar-agar
* 1 gousse de vanille
* 30 g d'isomalt
* 8 g de Tagatesse

Pour la crème au chocolat
* 20 cl de lait
* 2,5 cl de crème fraîche liquide entière
* 2 œufs
* 10 g de cacao en poudre non sucré
* 1/4 à 1/2 cuil. à café rase d'agar-agar
* 30 g d'isomalt
* 8 g de Tagatesse

Glucides

Par duo vanille-chocolat :
6,14 g de glucides et 19 g de substituts du sucre.
Charge glycémique :
3.

1 *Préparation de la crème à la vanille*

— Dans une casserole, mettez le lait, la crème, la gousse de vanille fendue, l'isomalt et l'agar-agar (1/4 de cuil. à café pour une texture crémeuse, 1/2 pour une texture flan), puis portez à ébullition en remuant de temps en temps.

— Dans un récipient, mélangez, au fouet à main, les œufs avec le Tagatesse et ajoutez progressivement le mélange à base de lait chaud en remuant sans cesse. Versez la préparation, en la filtrant avec un chinois, dans 4 ramequins individuels. Réservez.

— Préchauffez le four à 120 °C (th. 4).

2 *Préparation de la crème au chocolat*

— Dans une casserole, portez à ébullition le lait, la crème fraîche liquide, l'isomalt et l'agar-agar.

— Dans un récipient, mélangez, au fouet à main, les œufs avec le Tagatesse et le cacao en poudre non sucré et ajoutez progressivement le mélange à base de lait chaud en remuant sans cesse. Versez la préparation dans 4 autres ramequins individuels.

3 — Faites cuire les crèmes au bain-marie : déposez les 8 ramequins individuels dans un plat contenant un fond d'eau et enfournez pour 40 min.

— Sortez les crèmes du four et laissez-les refroidir à température ambiante, puis réservez 1 h au réfrigérateur. Servez une crème au chocolat et une crème à la vanille par personne.

Pour une présentation duo

— Pendant la cuisson, préparez un morceau de carton recouvert de papier aluminium.

— À la sortie du four, enlevez avec une cuillère la fine pellicule sèche sur le dessus des crèmes, puis mélangez chaque crème avec une fourchette.

— Placez un carton séparateur au milieu d'une verrine et versez simultanément de chaque côté du séparateur de la crème vanille et de la crème chocolat. Renouvelez l'opération pour les autres verrines. Avec le dos d'une petite cuillère, lissez la surface des crèmes.

— Réservez 1 h au minimum au réfrigérateur. Retirez les cartons avant de servir.

Bûche vanille-chocolat au mascarpone

Préparation : 30 min • Cuisson : 15 min • Repos au frais : 1 à 2 h

Pour 5 personnes

* 280 g de *Pâte à biscuit à rouler au chocolat* (variante de la recette p. 36)

Pour la crème au mascarpone

* 250 g de mascarpone
* 4 cl de crème fraîche liquide entière
* 5 g de lait
* 1 cuil. à café d'arôme naturel de vanille
* 5 g de Tagatesse
* 3 g de xylitol

Pour le sirop

* 5 cl d'eau
* 2 cuil. à café de Cointreau ou plus selon votre goût
* 10 g de Tagatesse
* 6 g de xylitol

1 — Préparez la crème au mascarpone : au four à micro-ondes, faites fondre le lait avec le xylitol pendant environ 30 s à 900 W. Au fouet à main, mélangez le mascarpone, la crème fraîche liquide, l'arôme de vanille, le Tagatesse et le lait avec le xylitol.
— Réservez au réfrigérateur.

2 — Préparez la pâte à biscuit à rouler au chocolat et faites-la cuire selon la recette p. 36.
— Déposez le biscuit encore tiède sur du papier de cuisson, préparez le sirop et imbibez-en le biscuit à rouler à l'aide d'un pinceau, puis attendez qu'il refroidisse.

3 — Étalez la crème au mascarpone sur le biscuit, puis roulez-le.
— Réservez 1 à 2 h au réfrigérateur.

Astuce

Si vous craignez de ne pas réussir à rouler votre génoise, vous pouvez très bien couper le biscuit en 3 parts égales dans le sens de la largeur et confectionner un gâteau rectangulaire plutôt qu'une bûche.

Glucides

Par personne :
5,85 g de glucides et 11,6 g de substituts du sucre.
Charge glycémique :
3.

Forêt-noire

Préparation : 45 min • Cuisson : 12 min • Repos au frais : 2 à 3 h

Pour 4 personnes

* 200 g de *Pâte à génoise au chocolat* (variante de la recette p. 68)
* 250 g de *Crème Chantilly* (p. 114)
* 10 g de chocolat noir Ligne Gourmande de Poulain
* 190 g de *Gelée fruitée décorative* (p. 48)
* 1 cuil. à café de colorant naturel alimentaire rouge
* 2 cuil. à café d'arôme naturel de cerise
* 1 cuil. à café d'eau-de-vie (facultative)

Pour le sirop

* 10 g de Tagatesse
* 8 g de xylitol
* 1 cuil. à café de kirsch
* 3 cl d'eau

1 — Préparez une gelée fruitée à la cerise selon la recette p. 48, en ajoutant le colorant rouge et l'arôme de cerise (et éventuellement l'eau-de-vie) avant de porter la préparation à ébullition.
— Réalisez un rectangle de gelée de 18 × 8 cm.
— Hachez en petits morceaux le chocolat sans le réduire en poudre (il servira à décorer le dessus du gâteau) et réservez.

2 — Préparez la pâte à génoise au chocolat et faites-la cuire selon la recette p. 68. Découpez-la en 2 rectangles de 18 × 8 cm.
— Préparez le sirop : portez à ébullition l'eau, le Tagatesse, le xylitol et le kirsch. Imbibez très généreusement les 2 rectangles de génoise lorsque le sirop est encore tiède.
— Préparez la crème Chantilly selon la recette p. 114. Réservez au réfrigérateur.

3 *Dressage*
— Placez la première génoise dans un rectangle à pâtisserie de 18 × 8 cm ou à défaut dans un plat, imbibez-la à nouveau de sirop.
— Sortez la crème Chantilly du réfrigérateur et remplissez une poche munie d'une douille cannelée. Déposez de belles noix de crème Chantilly côte à côte sur le rectangle. Gardez un peu de chantilly pour la décoration.
— Placez le deuxième rectangle de génoise sur la crème Chantilly. Imbibez-le de sirop, puis disposez sur le dessus le rectangle de gelée fruitée.
— Décorez la forêt-noire avec le reste de la crème Chantilly. Parsemez le dessus de la forêt-noire du chocolat haché.
— Réservez 2 à 3 h au réfrigérateur. Sortez le gâteau 15 min avant de servir.

Glucides

Par personne :
6,74 g de glucides et 33,72 g de substituts du sucre.
Charge glycémique :
5 avec le chocolat Ligne Gourmande, et 5 avec le chocolat maison.

Tarte au chocolat

Préparation : 30 min • Cuisson : 35 min • Repos au frais : 1 h 30

Pour 6 personnes

* 180 g de *Pâte brisée* (p. 32)
* 170 g de chocolat noir Ligne Gourmande de Poulain
* 18 cl de crème fraîche liquide
* 7 cl de lait entier
* 1 petit œuf

1 — Préparez la pâte brisée selon la recette p. 32.
— Préchauffez le four à 180 °C (th. 6).
— Étalez la pâte au rouleau, le plus finement possible. Garnissez-en un moule ou un cercle à pâtisserie (Ø 20 cm) et enfournez pour 15 min.

2 — Pendant la cuisson, préparez la ganache : hachez le chocolat et réservez-le.
— Portez la crème fraîche à ébullition. Versez-la sur le chocolat en mélangeant délicatement.
— Fouettez légèrement le lait avec l'œuf et incorporez ce mélange à la crème au chocolat lorsqu'elle atteint 35 °C.

3 — Après 20 min de cuisson, versez la ganache sur le fond de tarte cuit encore chaud, éteignez le four et enfournez la tarte pour 20 min.

Variante

Vous pouvez réaliser cette recette avec du chocolat au lait.

Glucides

Par personne :
6,91 g de glucides et 8,1 g de substituts du sucre.
Charge glycémique :
6 avec le chocolat Ligne Gourmande, et 3 avec le chocolat maison.

Profiteroles

Préparation : 1 h • Cuisson : 25 min

Pour 4 personnes

* 170 g de *Pâte à choux* (p. 104)
* 120 g de *Glace à la vanille* (p. 37)
* 5 cl de lait
* 5 g de beurre
* 50 g de chocolat noir Ligne Gourmande de Poulain

1 *La veille*

— Préparez la glace à la vanille selon la recette p. 37.

2 *Le jour même*

— Préparez la pâte à choux selon la recette p. 104 en divisant les quantités par 2 et remplissez une poche munie d'une douille lisse de 1 cm de diamètre, puis formez 12 choux (3 par personnes) de 3 ou 4 cm de diamètre sur une plaque recouverte de papier de cuisson.
— Enfournez (pour la cuisson, référez-vous à la recette de la pâte à choux).
— Réservez à température ambiante.

3 — Sortez la glace à la vanille du congélateur pour qu'elle ramollisse. Prélevez-en 120 g.
— Fendez horizontalement les choux.
— Dans une casserole, mettez le chocolat, le lait et le beurre, puis faites chauffer à feu moyen jusqu'à l'obtention d'une sauce.
— Versez la sauce au chocolat dans un bol placé dans un bain-marie très léger afin de maintenir la sauce au chaud, sans continuer de la cuire.
— Déposez 1 cuil. à café de glace dans chaque chou et couvrez avec la seconde partie du chou.
— Dressez les choux dans une assiette à dessert et nappez de sauce au chocolat encore tiède.
— Servez sans plus attendre.

Bon à savoir

Vous pouvez congeler les profiteroles et les décongeler au gré de vos envies, vous n'aurez plus qu'à préparer la sauce au chocolat au dernier moment.

Variante

Profiteroles au praliné : garnissez les choux de *Glace au praliné* (p. 90) et recouvrez-les de *Pralin* (p. 22) que vous aurez fait fondre.

Glucides

Par personne :
6,29 g de glucides et 8,38 g de substituts du sucre.
Charge glycémique :
5 avec le chocolat Ligne Gourmande, et 3 avec le chocolat maison.

Glace au chocolat, au café ou au praliné

Préparation : 20 à 40 min

Pour 3 belles portions

* 250 g de *Crème anglaise* (p. 75)

Pour la glace au chocolat

* 20 g cacao en poudre non sucré

Pour la glace au café

* 1 à 2 sachets de café soluble selon votre goût

Pour la glace au praliné

* 30 à 50 g de *Praliné* (p. 22) selon votre goût

1 *Pour une glace chocolat ou café*

— Préparez la crème anglaise selon la recette p. 75.

— Filtrez la crème, puis ajoutez l'arôme de votre choix à la crème encore chaude. Mélangez bien.

Pour une glace au praliné

— Préparez le praliné selon la recette p. 22 et filtrez-le pour obtenir une texture lisse, sauf si vous aimez retrouver des brisures de noisettes ou d'amandes dans la crème glacée.

— Préparez la crème anglaise selon la recette p. 75.

— Filtrez la crème, puis ajoutez le praliné à la crème encore chaude. Mélangez délicatement à la maryse.

2 — Une fois la préparation refroidie, versez-la dans une sorbetière et suivez les instructions du fabricant.

Glucides

– Chocolat, par portion :
5,71 g de glucides et 13,3 g de substituts du sucre. Soit 6,59 % de glucides et 15,38 % de substituts du sucre.
Charge glycémique :
2.

– Café, par portion :
4,78 g de glucides et 13,33 g de substituts du sucre. Soit 5,74 % de glucides et 16 % de substituts du sucre.
Charge glycémique :
2.

– Praliné, par portion :
5,53 g de glucides et 18,89 g de substituts du sucre. Soit 5,74 % de glucides et 19,54 % de substituts du sucre.
Charge glycémique :
3.

Variantes

– *Glace au chocolat intense* : remplacez le cacao par 40 g de chocolat noir ou au lait Ligne gourmande de Poulain. Faites-le fondre au bain-marie avant de l'incorporer à la crème encore chaude.

– *Glace café-cognac* : dans le même esprit que la glace rhum-raisins, ajoutez un peu de cognac à la préparation.

Pensez-y!
Pourquoi réaliser du chocolat maison ?

La totalité des recettes à base de chocolat de ce livre peuvent se préparer avec le chocolat Ligne Gourmande de Poulain. Cependant, avec du chocolat maison, vous pourrez varier les saveurs, l'amertume mais également la charge glycémique.

* En augmentant ou en réduisant la quantité de cacao en poudre dans les recettes de chocolat maison, vous trouverez l'harmonie qui vous convient le mieux.

* Parfumez votre chocolat maison, ou encore faites-vous des petits plaisirs en mélangeant chocolats, ganaches et/ou glaçages.

Le bonbon menthe-chocolat

On le réalise avec du *Chocolat noir maison* (p. 25) et du *Glaçage fondant* (p. 28) aromatisé menthe (arôme), additionné de colorant vert.

* Faites fondre 90 g de chocolat noir au bain-marie et réservez. Portez à ébullition 1 cl de crème fraîche liquide, puis ajoutez-la au chocolat. Remuez énergiquement, puis versez la préparation dans des moules à chocolat en silicone en les remplissant au tiers. Réservez 30 min au réfrigérateur.

* Pendant ce temps, préparez le glaçage fondant aromatisé à la menthe, laissez-le refroidir, puis versez-le sur le dessus du chocolat refroidi en remplissant le deuxième tiers du moule en silicone. Réservez au réfrigérateur.

* Renouvelez la première étape avec la deuxième moitié de chocolat réservée afin de remplir le dernier tiers du moule, et réservez 2 h au réfrigérateur. Démoulez et dégustez de délicieux bonbons menthe-chocolat.

Si les grains de Tagatesse ne se sont pas réduits totalement lors de la préparation initiale du chocolat, vous aurez en plus un bonbon légèrement croustillant !

Brownie

Préparation : 20 min • Cuisson : 15 min

Pour 6 personnes

* 70 g de chocolat noir Ligne Gourmande de Poulain
* 120 g de beurre
* 2 œufs
* 40 g de noix de pécan
* 40 g de Tagatesse
* 30 g de xylitol

60 g de composition farineuse
* 20 g de gluten
* 20 g de farine de blé T55
* 10 g de farine de blé T150
* 6 g de farine de coco
* 4 g de farine de lupin

1 — Préparez la composition farineuse et tamisez-la.
— Ajoutez-y les noix de pécan grossièrement concassées.

2 — Hachez le chocolat et faites-le fondre à feu doux au bain-marie, puis laissez-le tiédir.
— Faites fondre le beurre.
— Préchauffez le four à 165 °C (th. 5-6).

3 — Fouettez les œufs avec le Tagatesse et le xylitol pour les faire blanchir, ajoutez le chocolat fondu, mélangez. Incorporez le beurre fondu, puis mélangez à nouveau. Ajoutez la composition farineuse et les noix, mélangez encore.
— Remplissez un rectangle à pâtisserie de 20 × 10 cm et enfournez pour 15 min. Attention, ne laissez pas gonfler le brownie.

Glucides
Par portion :
4,78 g de glucides et 15 g de substituts du sucre.
Charge glycémique :
5 avec le chocolat Ligne Gourmande, et 4 avec le chocolat maison.

Muffins
au cœur fondant

Préparation : 25 min • Cuisson : 20 à 25 min

Pour 6 muffins

* 60 g de chocolat noir Ligne Gourmande de Poulain
* 12 g de Tagatesse
* 6 g de xylitol
* 2 œufs
* 30 g de beurre
* 4 cl de lait
* 4 cl de crème fraîche liquide entière
* 4 cl d'eau
* 1/2 cuil. à café d'arôme naturel au choix
* 1 cuil. à café de colorant naturel alimentaire choisi en fonction de l'arôme (facultatif)
* 4 g de levure chimique

105 g de composition farineuse

* 30 g de gluten
* 20 g de farine de blé T55
* 10 g de farine de blé T150
* 24 g de farine de coco
* 21 g de farine de lupin

1 — Préparez le cœur fondant : faites fondre au bain-marie le chocolat, ajoutez-y l'arôme de votre choix, puis réservez au réfrigérateur. Dès que le cœur fondant est suffisamment solide, roulez 6 boules dans le creux de la main et placez-les au congélateur jusqu'au moment de remplir vos moules à muffins.

2 — Préparez la composition farineuse et tamisez-la.
— Séparez les blancs des jaunes d'œufs.
— Faites fondre le beurre et réservez-le.
— Mélangez éventuellement le colorant avec le lait.
— Battez les jaunes d'œufs avec le Tagatesse et le xylitol, puis incorporez le beurre fondu.

3 — Mélangez la composition farineuse et la levure chimique.
— Ajoutez petit à petit à la préparation à base d'œuf la composition farineuse, le lait et l'eau en alternant les 3.
— Battez les blancs d'œufs en neige ferme et incorporez-les en 3 fois à la préparation.
— Préchauffez le four à 175 °C (th. 5-6).
— Sortez les cœurs fondants du congélateur.
— Remplissez 6 moules à muffins : déposez de la pâte à muffins sur 1 cm d'épaisseur, puis ajoutez 1 cœur fondant et recouvrez de pâte à muffins jusqu'aux 3/4 du moule.
— Enfournez pour 20 à 25 min.

Glucides

Par muffin :
6,15 g de glucides et 5,86 g de substituts du sucre.
Charge glycémique :
5 avec le chocolat Ligne Gourmande, et 3 avec le chocolat maison.

Mousse
au chocolat noir

Préparation : 15 min • Repos au frais : 3 à 4 h

Pour 300 g de mousse, soit 3 belles parts

* 100 g de chocolat noir Ligne Gourmande de Poulain
* 1,2 cl de lait entier
* 6 cl de crème fraîche liquide
* 15 g de beurre
* 2 œufs
* 4 g de Tagatesse
* 3 g de xylitol

1 — Hachez très finement le chocolat afin d'éviter d'avoir des morceaux dans la mousse.
— Portez à ébullition le lait, la crème fraîche et le xylitol, puis versez la préparation sur le chocolat en remuant avec un fouet à main.

2 — Coupez le beurre en morceaux et incorporez-le à la ganache au chocolat.
— Séparez les blancs des jaunes d'œufs et montez les blancs en neige avec le Tagatesse, puis ajoutez les jaunes quelques secondes avant d'arrêter le robot pâtissier.

3 — Incorporez 1/5 des blancs à la ganache au chocolat, puis versez cette ganache sur le reste des blancs en l'incorporant délicatement avec une spatule en bois.
— Placez au réfrigérateur 3 h au minimum, jusqu'à l'obtention d'une mousse ferme.

Astuce

S'il reste des morceaux de chocolat au moment où vous y ajoutez la crème fraîche liquide chaude, n'hésitez pas à chauffer la préparation quelques secondes au four à micro-ondes.

Variantes

– *Mousse au chocolat au lait* : remplacez le chocolat noir par du *Chocolat au lait maison* (p. 26).
– En verrine, cette mousse peut accompagner un café gourmand (p. 49).

Glucides
Par personne :
2,59 g de glucides et 11,87 g de substituts du sucre.
Charge glycémique :
6 avec le chocolat noir Ligne Gourmande, 1 avec le chocolat noir maison et 2 avec le chocolat au lait maison.

Mousse légère
au chocolat au lait

Préparation : 20 min • Repos au frais : 4 à 5 h

Pour 260 g de mousse, soit 3 belles parts

* 60 g de chocolat au lait Ligne Gourmande de Poulain
* 20 (17+3) cl de crème fraîche liquide entière

1 — Préparez une crème fouettée selon la recette p. 114 avec 17 cl de crème fraîche.
— Réservez au réfrigérateur.
— Hachez le chocolat et faites-le fondre au bain-marie.

2 — Portez à ébullition le restant de la crème fraîche et versez-la sur le chocolat fondu en remuant avec un fouet à main.

3 — Dès que la préparation au chocolat a légèrement refroidi, sans se solidifier, incorporez 1/4 de la crème fouettée, puis le reste en soulevant délicatement avec une maryse.
— Laissez prendre au réfrigérateur pendant 4 h au minimum, jusqu'à l'obtention d'une mousse ferme.

Variante

Mousse légère au chocolat noir : pour une saveur plus intense, remplacez le chocolat au lait par du chocolat noir Ligne Gourmande de Poulain.

Glucides

Par personne :
4,37 g de glucides et 8,52 g de substituts du sucre.
Charge glycémique :
6 avec le chocolat au lait Ligne Gourmande, 1 avec le chocolat au lait maison et 4 avec le chocolat noir Ligne Gourmande.

Charlotte au chocolat

Préparation : 1 h 10 • Cuisson : 15 min • Repos au frais : 4 h

Pour 4 personnes

* 250 g de *Crème bavaroise* (p. 55)
* 10 *Biscuits à la cuillère* (p. 122)
* 90 g de chocolat noir Ligne Gourmande de Poulain

Pour le sirop

* 10 cl d'eau
* 2 cuil. à café de rhum
* 20 g de Tagatesse
* 12 g de xylitol

1 — Préparez les biscuits à la cuillère selon la recette p. 122.
— Préparez la crème bavaroise selon la recette p. 55 et réservez au réfrigérateur.

2 — Faites fondre le chocolat au bain-marie et incorporez-le à la crème bavaroise à l'aide d'une maryse. Laissez refroidir et réservez au réfrigérateur.
— Coupez 7 biscuits à la cuillère en 2 dans le sens de la largeur et les 3 autres dans le sens de la longueur.

3 *Préparation du sirop*
— Portez l'eau à ébullition avec le Tagatesse et le xylitol. Hors du feu, ajoutez le rhum.
— Plongez tous les biscuits à la cuillère dans le sirop de façon à ce qu'ils soient bien imbibés, puis, avec les 7 biscuits coupés dans le sens de la largeur, tapissez les bords d'un cercle à pâtisserie (Ø 16 cm sur 4 cm de haut) posé sur un plat recouvert de papier de cuisson, ou à défaut dans un moule de même dimension.
— Au fond du cercle, disposez les 3 biscuits restants coupés dans le sens de la longueur (ils constitueront le dessous de la charlotte).
— Versez la crème bavaroise au chocolat au centre du cercle.
— Mettez au réfrigérateur pendant 4 h et démoulez avant de servir.

Bon à savoir

Laissez reposer la charlotte un jour au réfrigérateur, elle n'en sera que meilleure !

Glucides

Par personne :
6 g de glucides et 23,94 g de substituts du sucre.
Charge glycémique :
6 avec le chocolat Ligne Gourmande, et 4 avec le chocolat maison.

Gâteau au chocolat

Préparation : 25 min • Cuisson : 15 à 20 min

Pour 5 personnes

* 70 g de chocolat noir Ligne Gourmande de Poulain
* 30 g de chocolat au lait Ligne Gourmande de Poulain
* 24 g de Tagatesse
* 12 g de xylitol
* 2 œufs
* 2 cl de lait entier
* 85 g de beurre
* 3 g de jus de citron

85 g de composition farineuse

* 25 g de gluten
* 15 g de farine de blé T55
* 10 g de farine de blé T150
* 15 g de farine de coco
* 20 g de farine de lupin

1 — Préparez la composition farineuse et tamisez-la.
— Séparez les jaunes des blancs d'œufs et fouettez le Tagatesse et le xylitol avec les jaunes jusqu'à ce que la pâte blanchisse.
— Coupez le beurre en petits morceaux et laissez ramollir.
— Battez les blancs en neige avec le jus de citron.

2 — Hachez les chocolats ensemble et faites-les fondre avec le lait au bain-marie.
— Préchauffez le four à 190 °C (th. 6-7) et faites tiédir le beurre coupé en morceaux pendant 2 min. Ajoutez le chocolat chaud puis la préparation aux jaunes d'œufs en mélangeant bien.

3 — Ajoutez la composition farineuse, puis incorporez les blancs en neige.
— Versez la préparation dans un moule (Ø 16 cm) et enfournez pour 15 à 20 min. Faites attention à la cuisson : trop cuit, le gâteau perd de son moelleux. Au bout de 15 min, piquez la pâte avec un couteau pour vérifier la cuisson : lorsque la lame sort propre, vous pouvez retirer le gâteau du four.
— Laissez refroidir quelques minutes avant de servir. Tiède, c'est délicieux !

Variante

Gâteau à la vanille : remplacez le chocolat noir par du chocolat blanc à pâtisser maison et ajoutez de l'extrait de vanille à la préparation à base de jaunes d'œufs.

Glucides

Par personne :
6,38 g de glucides et 13,76 g de substituts du sucre.
Charge glycémique :
7 avec les chocolats Ligne Gourmande, et 4 avec les chocolats maison.

Glaçage brillant traditionnel au chocolat

Préparation : 10 min

Pour 45 g de glaçage

* 25 g de chocolat noir Ligne Gourmande de Poulain
* 20 g de beurre mou

1 — Coupez le beurre mou en petits morceaux.

2 — Hachez finement le chocolat et faites-le fondre lentement au bain-marie.
— Lorsque le chocolat a fondu, ajoutez les morceaux de beurre et remuez avec un fouet à main, toujours sur le feu, jusqu'à ce que le beurre ait fondu à moitié.
— Continuez de battre hors du feu jusqu'à ce que le beurre ait totalement fondu.

3 — Ce glaçage doit être utilisé lorsqu'il est encore coulant mais pas trop liquide. Il se verse directement sur la préparation et se solidifie en 2 h au réfrigérateur.

Bon à savoir

Légèrement craquant, ce glaçage est parfait pour les gâteaux ou les entremets.

Glucides

Sur la base de 45 g de glaçage :
2,71 % de glucides et
15,89 % de substituts du sucre.

Chic,
c'est la fête !

Pâte à choux

Préparation : 20 min • Cuisson : 25 min • Repos : 20 min

Pour 340 g de pâte

* 50 g de beurre
* 2 gros œufs
* 13,5 cl d'eau
* 1 petite pincée de sel

80 g de composition farineuse

* 28 g de gluten
* 32 g de farine de blé T55
* 5 g de farine de coco
* 15 g de farine de lupin

1 — Préparez la composition farineuse.
— Dans une casserole, mettez l'eau, le beurre et le sel et portez à ébullition.
— Dès les débuts de l'ébullition, ajoutez, en une seule fois, la composition farineuse et battez énergiquement avec une spatule en bois.

2 — Desséchez la pâte dans la casserole sur le feu pendant 2 min.
— Mettez la pâte dans un cul-de-poule et ajoutez les œufs un à un en remuant énergiquement avec la spatule en bois. Le premier œuf doit être incorporé avant qu'on ajoute le second.

3 — Remplissez une poche à douille de pâte à choux.
— Couchez la pâte sur une plaque de cuisson en fonction de votre recette (choux, éclairs, religieuses...) et laissez reposer 15 à 20 min.
— Préchauffez le four à 230 °C (th. 7-8), puis enfournez pour environ 10 min.
— Baissez ensuite à 200 °C (th. 6-7) et laissez cuire encore 15 min.

Bon à savoir

– Si vous souhaitez des choux un peu plus moelleux, vous pouvez mettre 7 cl de lait et 6,5 cl d'eau à la place des 13,5 cl d'eau. Cependant, ils auront tendance à moins bien monter et le fourrage sera plus compliqué.

– Une fois cuits, les choux se conservent très bien au congélateur.

Glucides

Sur la base de 340 g de pâte :
8,03 % de glucides.

Éclairs

Préparation : 1 h • Cuisson : 25 min • Repos au frais : 2 h

Pour 6 éclairs

* 300 g de *Crème Chiboust* (p. 115)
* 340 g de *Pâte à choux* (p. 104)
* 45 g de *Glaçage fondant* chocolat ou café selon votre goût (p. 28)

Pour des éclairs au chocolat

* 10 g de cacao en poudre non sucré

Pour des éclairs au café

* 1 sachet de café soluble

1 — Préparez la crème Chiboust selon la recette p. 115, avec l'ajout suivant : dans la crème pâtissière, après incorporation du beurre de cacao, lorsque la préparation est encore tiède, incorporez le cacao en poudre pour la crème au chocolat, ou le sachet de café pour la crème au café, puis remuez énergiquement. Goûtez pour rectifier la saveur si nécessaire. Réservez au réfrigérateur.

2 — Préparez la pâte à choux selon la recette p. 104.
— Mettez-la dans une poche munie d'une douille lisse de 1 cm de diamètre.
— Formez 6 boudins d'une quinzaine de centimètres.
— Préchauffez le four à 230 °C (th. 7-8) et laissez reposer la pâte le temps du préchauffage.
— Faites cuire pendant 10 min, puis baissez à 200 °C (th. 6-7) et poursuivez la cuisson 15 min.

3 — Lorsque les éclairs ont refroidi, à l'aide d'une poche munie d'une douille de fourrage, fourrez les éclairs de crème Chiboust au chocolat ou au café. Si elle est trop froide, réservez-la à température ambiante pendant 15 min.
— Préparez le glaçage selon la recette p. 28 et glacez les éclairs (en vous aidant de la recette).
— Réservez-les au frais, puis sortez-les du réfrigérateur 15 min avant de servir.

Variantes

Comme pour les *Religieuses* (p. 112), variez les saveurs de la crème pâtissière en y ajoutant différents arômes naturels. Ainsi vous pouvez faire des éclairs à la vanille avec un glaçage au chocolat blanc, ou encore à la pistache avec un glaçage vert.

Glucides

Par éclair au chocolat :
7,2 g de glucides et 14,41 g de substituts du sucre.
Par éclair au café :
6,73 g de glucides et 14,41 g de substituts du sucre.
Charge glycémique :
5.

Saint-honoré

Préparation : 1 h 50 • Cuisson : 50 min • Repos total au frais : 9 h

Pour 5 personnes

* 170 g de *Pâte à choux* (p. 104)
* 150 g de *Crème Chiboust* (p. 115)
* 100 g de *Pâte feuilletée* (p. 33)
* 5 g de Tagatesse

Pour le caramel

* 1,5 cl d'eau
* 50 g de Tagatesse

Pour la chantilly

* 10 cl de crème fraîche liquide entière
* 5 g de Tagatesse

Glucides
Par personne :
6,5 g de glucides et
16 g de substituts du sucre.
Charge glycémique :
4.

1 *La veille*
— Préparez la pâte feuilletée selon la recette p. 33 en divisant les quantités par 3 (sinon congelez la pâte crue restante).

2 *Le jour même*
— Préparez la crème Chiboust selon la recette p. 115 en divisant les quantités par 2. Réservez au réfrigérateur.
— Préparez la pâte à choux selon la recette p. 104, en divisant les quantités par 2.
— Préchauffez le four à 200 °C (th. 6-7).
— Étalez la pâte feuilletée en formant un cercle d'environ 15 cm de diamètre et déposez-la sur une plaque recouverte de papier de cuisson légèrement humidifié.
— Prélevez 1 cuil. à café rase de Tagatesse et poudrez-en le dessus de la pâte feuilletée. Étalez avec votre main si nécessaire afin de bien le répartir sur toute la surface de la pâte.
— Enfournez la pâte feuilletée et, après 5 min de cuisson, baissez le four à 175 °C (th. 5-6), puis laissez cuire encore 20 à 25 min tout en surveillant la cuisson.
— Mettez la pâte à choux dans une poche à douille lisse et, sur une autre plaque recouverte de papier de cuisson, dressez une douzaine de petits choux (environ 2 ou 3 cm de diamètre).
— Sortez la pâte feuilletée du four et préchauffez-le à 230 °C (th. 7-8).
— Enfournez les choux. Au bout de 10 min, baissez à 200 °C (th. 6-7) et laissez cuire encore 15 min.

3 — Quand tout a refroidi, remplissez de crème Chiboust une poche munie d'une douille de fourrage et garnissez les choux.
— Dans une casserole, faites un caramel avec le Tagatesse et l'eau. Laissez foncer sans brunir.
— Plongez la base des choux dedans et collez-les sur le contour de la pâte feuilletée. Pensez à réserver un chou pour le milieu, puis versez le caramel restant sur le dessus des choux.
— Montez la crème en chantilly avec le Tagatesse selon la recette p. 114, mettez-la dans une poche à douille cannelée et garnissez le centre du gâteau.
— Déposez au centre le chou réservé à cet effet.
— Placez 1 à 2 h au réfrigérateur, puis servez rapidement.

Bûche de Noël traditionnelle au Grand Marnier

Préparation : 1 h • Cuisson : 15 min • Repos au frais : 1 h

Pour 5 personnes

* 280 g de *Pâte à biscuit à rouler* (p. 36)
* 240 g de *Crème au beurre* (p. 29)
* 1 cuil. à soupe de Grand Marnier
* Quelques gouttes de colorant naturel alimentaire rouge

Pour le sirop

* 5 cl d'eau
* 1 cuil. à café de Grand Marnier ou plus selon votre goût
* 10 g de Tagatesse
* 6 g de xylitol

1 — Préparez la crème au beurre selon la recette p. 29 et ajoutez-y, à l'aide du fouet à main, le Grand Marnier, puis divisez-la en 2 parties égales. Dans la première, mettez les quelques gouttes de colorant rouge afin d'obtenir une couleur rose. Réservez au réfrigérateur vos crèmes au beurre.

2 — Préparez la pâte à biscuit à rouler et faites-la cuire selon la recette p. 36.
— Déposez le biscuit encore tiède sur du papier de cuisson, préparez le sirop et imbibez le biscuit à l'aide d'un pinceau, puis attendez qu'il refroidisse.

3 — Étalez la moitié de la crème au beurre sans colorant sur le biscuit et roulez-le dans le sens de la longueur.
— Remplissez une poche à douille cannelée avec l'autre moitié de la crème au beurre (la rose), et décorez la bûche.
— Si vous n'avez pas de douille cannelée, vous pouvez étaler grossièrement la crème au beurre sur le biscuit roulé et la strier avec une fourchette.
— Réservez au réfrigérateur.

Variante

Cette bûche traditionnelle peut se décliner en duos de saveurs. N'hésitez pas à aromatiser les 2 portions de crème au beurre avec des parfums différents : pistache-chocolat, par exemple, est sans aucun doute un mariage heureux. Alors, si vous êtes friand de la crème au beurre, n'attendez pas Noël pour déguster une bûche.

Glucides

Par personne :
3,56 g de glucides et
19,8 g de substituts du sucre.
Charge glycémique (au Grand Marnier ou pistache-chocolat maison) :
3.

Paris-brest

Préparation : 1 h 50 • Cuisson : 45 min • Repos total au frais : 2 h

Pour 6 personnes

* 240 g de *Crème au beurre* (p. 29)
* 150 g de *Crème pâtissière* (p. 74)
* 340 g de *Pâte à choux* (p. 104)
* 60 g de *Praliné* (p. 22)
* 10 g de Tagatesse
* 25 g d'amandes hachées
* 12 g de beurre mou (pour le moule)

1 *La veille*

— Préparez le praliné selon la recette p. 22 et filtrez-le pour obtenir une texture lisse.

2 *Le jour même*

— Préparez la crème au beurre selon la recette p. 29 et la crème pâtissière selon la recette p. 74, et réservez-les au réfrigérateur.
— Préparez la pâte à choux selon la recette p. 104 et remplissez-en une poche munie d'une douille de 1 cm de diamètre.
— Graissez un cercle à pâtisserie (Ø 16 cm) et déposez-le sur une plaque recouverte de papier de cuisson.
— Avec la poche à douille, couchez une couronne de pâte contre les bords du cercle, puis une deuxième à l'intérieur de la première couronne espacée de 0,5 cm de la première. Enfin, couchez une troisième couronne à cheval sur les 2 premières.
— Préchauffez le four à 230 °C (th. 7-8) et faites cuire 10 min, puis 35 min à 200 °C (th. 6-7).
— Entrouvrez légèrement la porte du four 15 min après le début de la cuisson.

3 — Sortez la crème au beurre du réfrigérateur et laissez-la à température ambiante 30 min.
— Fouettez-la quelques secondes pour l'aérer un peu. Ajoutez le praliné en mélangeant avec le fouet, puis la crème pâtissière.
— Une fois que la couronne de chou est froide, à l'aide d'un grand couteau à pain, ouvrez-la en 2 horizontalement et garnissez-la de crème à l'aide d'une poche à douille cannelée pour donner un aspect esthétique à la crème.
— Replacez la partie supérieure de la couronne sur la crème et réservez au réfrigérateur.
— Sortez le paris-brest 30 min avant de servir, et décorez-le avec les amandes hachées.

Glucides

Par personne :
6,88 g de glucides et
16 g de substituts du sucre.
Charge glycémique :
5.

Religieuses

Préparation : 1 h • Cuisson : 25 min • Repos au frais : 2 h

Pour 6 religieuses

* 300 g de *Crème Chiboust* (p. 115)
* 340 g de *Pâte à choux* (p. 104)

Pour des religieuses au chocolat
* 45 g de *Glaçage fondant* au chocolat (p. 28)
* 10 g de cacao en poudre non sucré

Pour des religieuses au café
* 45 g de *Glaçage fondant* au café (p. 28)
* 1 sachet de café soluble

Pour des religieuses au kirsch
* 45 g de *Glaçage fondant* nature (p. 28)
* 1 à 2 cuil. à café de kirsch
* Quelques gouttes de colorant naturel alimentaire rouge

1 — Préparez la crème Chiboust selon la recette p. 115, avec l'ajout suivant : dans la crème pâtissière, après incorporation du beurre de cacao, lorsque la préparation est encore tiède, incorporez le parfum choisi (cacao en poudre non sucré ou café soluble ou kirsch), puis remuez énergiquement. Goûtez et rectifiez la saveur si nécessaire. Réservez au réfrigérateur.

2 — Préparez la pâte à choux selon la recette p. 104.
— Mettez-la dans une poche munie d'une douille lisse de 1 cm de diamètre.
— Sur une plaque recouverte de papier de cuisson, formez 6 boules de 6 cm de diamètre et 6 autres de 3 cm de diamètre.
— Préchauffez le four à 230 °C (th. 7-8) et laissez reposer les boules de pâte le temps du préchauffage.
— Faites cuire pendant 10 min, puis baissez à 200 °C (th. 6-7) et poursuivez la cuisson 15 min.

3 — Lorsque les choux ont refroidi, à l'aide d'une poche munie d'une douille de fourrage, remplissez les choux de crème Chiboust au chocolat, au café ou au kirsch. Si elle est trop froide, laissez-la à température ambiante pendant 15 min.
— Préparez le glaçage selon la recette p. 28 et glacez les choux comme indiqué. Superposez les choux 2 par 2 : un petit sur un gros.
— Réservez-les au frais, puis sortez-les du réfrigérateur 15 min avant de servir.

Glucides

Par religieuse au chocolat :
6,96 g de glucides et 14,41 g de substituts du sucre.
Par religieuse au café :
6,73 g de glucides et 14,41 g de substituts du sucre.
Charge glycémique (chocolat, café ou kirsch) :
5.

Crème fouettée et crème Chantilly

Préparation : 10 min

Pour 250 g de crème

* 25 cl de crème fraîche liquide entière

En plus, pour la crème Chantilly
* 6 g de Tagatesse

1 *30 min avant préparation*
— Mettez au congélateur la crème fraîche liquide, la cuve du robot pâtissier (ou un saladier) ainsi que les fouets.

2 *Au moment de la préparation*
— Sortez la crème et les ustensiles du congélateur et fouettez la crème à vitesse rapide (attention au début aux éclaboussures de la crème, augmentez progressivement mais rapidement la vitesse) jusqu'à ce qu'elle soit ferme. Vous obtenez de la crème fouettée.
— Pour obtenir une chantilly, ajoutez le Tagatesse dès que la crème est ferme et arrêtez le batteur quand vous n'entendez plus le bruit des grains.

3 — Réservez au réfrigérateur jusqu'à utilisation.

Variante

Pour une *Chantilly au chocolat*, rien de plus simple : ajoutez 1 cuil. à soupe de cacao en poudre dès que la crème commence à prendre (réduisez la vitesse du batteur si vous ne voulez pas vous retrouver poudré de cacao !).

Glucides
Pour la crème fouettée :
3,20 % de glucides.
Pour la chantilly :
3,20 % de glucides et
2,4 % de substituts du sucre.

Crème Chiboust

Préparation : 40 min • Cuisson : 8 min • Repos au frais : 2 h

Pour 300 g de crème

* 230 g de *Crème pâtissière* (p. 74) + 1 feuille de gélatine

Pour la meringue italienne

* 2 œufs (blancs)
* 40 g d'isomalt (à défaut, 12 g de Tagatesse)
* 2 cl d'eau

1 — Préparez la crème pâtissière selon la recette p. 74.
— Faites ramollir la feuille de gélatine pendant 2 min dans un bol d'eau froide.
— Incorporez-la à la crème pâtissière encore chaude puis plongez la casserole dans l'eau froide.

2 — Avec les blancs d'œufs, l'isomalt et l'eau, réalisez une meringue italienne selon la recette p. 30.

3 — À l'aide d'une maryse, incorporez la meringue italienne à la crème pâtissière en 3 ou 4 fois, jusqu'à ce que le mélange soit lisse.
— Réservez 1 à 2 h au réfrigérateur avant utilisation.

Bon à savoir

Si vous n'utilisez pas la totalité de cette préparation, sachez que la crème Chiboust se conserve 48 h au maximum au réfrigérateur.

Glucides

Sur la base de 300 g de crème :
4,18 % de glucides et
20 % de substituts du sucre.

Choux à la crème caramélisés

Préparation : 1 h • Cuisson : 25 min • Repos au frais : 2 h

Pour 20 choux

* 300 g de *Crème Chiboust* (p. 115) + 1 gousse de vanille
* 340 g de *Pâte à choux* (p. 104)

Pour le caramel

* 50 g de Tagatesse
* 1,5 cl d'eau

1 — Préparez la crème Chiboust selon la recette p. 115, avec l'ajout suivant : mettez les grains et l'écorce de la gousse de vanille dans le lait avant la cuisson. Laissez infuser, puis retirez l'écorce. Incorporez ensuite la préparation à base de jaunes d'œufs.

2 — Préparez la pâte à choux selon la recette p. 104.
— Mettez-la dans une poche munie d'une douille lisse de 1 cm de diamètre.
— Formez 20 beaux choux d'environ 4 cm de diamètre.
— Préchauffez le four à 230 °C (th. 7-8) et laissez reposer la pâte le temps du préchauffage.
— Faites cuire à 230 °C (th. 7-8) pendant 10 min, puis à 200 °C (th. 6-7) pendant 15 min.

3 — Lorsque les choux ont refroidi, à l'aide d'une poche munie d'une douille de fourrage, garnissez les choux de crème Chiboust à la vanille. Si elle est trop froide, réservez-la à température ambiante pendant 15 min.
— Préparez le caramel : dans une casserole, mettez l'eau et le Tagatesse à chauffer jusqu'à ce que le mélange devienne brun clair, puis plongez le haut des choux dans le caramel.
— Vous pouvez souder les choux 3 par 3 afin de former de mini-pièces montées.
— Réservez au réfrigérateur et dégustez dès que le caramel a refroidi.

Astuce

Pour faire plus simple, vous pouvez caraméliser vos choux au moment de la cuisson. Pour cela, saupoudrez-les tout simplement de Tagatesse.

Glucides

Pour 1 chou :
1,99 g de glucides et 6,82 g de substituts du sucre.
Charge glycémique :
2.

Crème mousseline

Préparation : 55 min • Repos au frais : 2 h

Pour 320 g de crème

* 240 g de *Crème au beurre* (p. 29)
* 80 g de *Crème pâtissière* (p. 74)
* 1 à 2 cuil. à café d'arôme naturel au choix (facultatif)

1 — Préparez une crème au beurre selon la recette p. 29.
— Dans le robot pâtissier ou au fouet électrique, battez-la pour la rendre moelleuse.

2 — Préparez la crème pâtissière selon la recette p. 74 en y incorporant l'arôme de votre choix, et lissez-la.
— Incorporez la crème au beurre à la crème pâtissière.

3 — Réservez au réfrigérateur.

Bon à savoir

– La crème mousseline fait partie des bases de la pâtisserie française, c'est la crème qu'on utilise dans les fraisiers mais pas seulement… Elle convient aussi très bien pour le fourrage d'une bûche de Noël ou d'un moka. On peut aussi l'utiliser pour glacer ou décorer à la poche à douille un gâteau.

– Si vous n'utilisez pas la totalité de cette préparation, sachez que la crème mousseline se conserve 48 h au maximum au réfrigérateur.

Glucides

Sur la base de 320 g de crème :
1,7 % de glucides et
17,18 % de substituts du sucre.

Bavarois chocolat-vanille

Préparation : 45 min • Repos au frais : 3 à 4 h

Pour 6 personnes

* 500 g de *Crème bavaroise* (p. 55)
* 50 g de chocolat noir Ligne Gourmande de Poulain
* 2 cuil. à café d'arôme naturel de vanille

1 — Préparez la crème bavaroise selon la recette p. 55 et divisez-la en 2.

2 — Faites fondre lentement le chocolat au bain-marie et incorporez-le dans une des 2 portions de crème bavaroise à l'aide d'une maryse. Incorporez l'arôme naturel de vanille à la deuxième portion.

3 — Dans un cercle à pâtisserie (Ø 16 cm), versez la crème bavaroise au chocolat et réservez au frais pendant 30 min.
— Sortez du réfrigérateur et recouvrez-la de crème à la vanille.
— Laissez prendre 3 à 4 h au réfrigérateur avant de servir.

VARIANTE

Bavarois menthe-chocolat : remplacez l'arôme de vanille par de l'arôme naturel de menthe et du colorant naturel vert. Une alliance surprenante !

Glucides

Par personne :
4,09 g de glucides et 9,05 g de substituts du sucre.
Charge glycémique :
3 avec le chocolat Ligne Gourmande, et 2 avec le chocolat maison.

Tiramisù

Préparation : 40 min • Cuisson : 15 min • Repos au frais : 4 h

Pour 4 personnes

* 10 *Biscuits à la cuillère* (p. 122)
* 180 g de mascarpone
* 2 œufs
* 5 g de lait
* 16 cl de café noir
* 3 cuil. à soupe de marsala
* 10 g de Tagatesse
* 6 g de xylitol
* 5 g de cacao en poudre non sucré

1 *La veille ou quelques heures avant*
— Préparez le café noir selon votre goût et réservez-le au réfrigérateur.
— Préparez les biscuits à la cuillère selon la recette p. 122.

2 — Séparez les blancs des jaunes d'œufs.
— Versez le xylitol dans le lait et faites-le fondre au four à micro-ondes, environ 30 s (répétez l'opération si nécessaire, il ne doit plus rester de grains de xylitol).
— Battez les jaunes d'œufs avec le Tagatesse jusqu'à blanchiment.
— Montez les blancs en neige ferme.
— Incorporez le mascarpone aux jaunes d'œufs blanchis, puis le lait avec le xylitol.
— Enfin, incorporez les blancs en neige avec précaution.

3 — Mélangez le café noir avec le marsala et imbibez-en généreusement les biscuits à la cuillère.
— Dressez dans de petits cercles à pâtisserie posés sur les assiettes de service (Ø 8 cm) ou dans des ramequins.
— Coupez les biscuits en morceaux afin de tapisser le fond des cercles. Recouvrez de crème et réservez au réfrigérateur 4 h au minimum.
Le jour même
— Poudrez de cacao juste avant de servir.

Astuces

– Pour une saveur plus prononcée, ajoutez 1 cuil. à café de marsala dans la préparation au mascarpone.

– Avant de tremper les biscuits dans le café, veillez à ce que celui-ci ait bien refroidi. La crème risquerait de fondre et de perdre ainsi sa consistance compacte.

Glucides
Par personne :
4 g de glucides et
8,5 g de substituts du sucre.
Charge glycémique :
2.

Biscuits à la cuillère

Préparation : 20 min • Cuisson : 12 à 15 min

Pour 18 biscuits

* 3 gros œufs
* 30 g de Tagatesse
* 6 g de xylitol

55 g de composition farineuse
* 20 g de gluten
* 15 g de farine de blé T55
* 6 g de farine de blé T150
* 14 g de farine de lupin

1 — Préparez la composition farineuse, puis tamisez-la.
— Séparez les blancs des jaunes d'œufs.
— Fouettez les jaunes d'œufs avec 15 g de Tagatesse et le xylitol pendant 5 min jusqu'à ce que le mélange blanchisse. Ajoutez la composition farineuse jusqu'à l'obtention d'un mélange homogène.
— Préchauffez le four à 160 °C (th. 5-6).

2 — Battez les blancs en neige ferme en leur incorporant les 15 g restants de Tagatesse dès qu'ils commencent à prendre.
— Mélangez 1/3 de ces blancs d'œufs à la préparation à base de jaunes d'œufs et battez l'ensemble afin de bien mélanger les blancs.
— Puis incorporez délicatement, avec une maryse ou une spatule en bois, le restant des blancs montés en neige.

3 — Remplissez-en une poche à douille (sans douille). Sur une plaque recouverte de papier de cuisson, formez des boudins de 8 à 10 cm de longueur.
— Enfournez pour 12 à 15 min (vérifiez la cuisson : les biscuits doivent être dorés).

Bon à savoir

Les biscuits à la cuillère servent de base à la confection d'une *Charlotte* (p. 98) ou d'un *Tiramisù* (p. 120). Dégustés seuls, ils sont également appréciés des petits comme des grands. Ils se conservent 5 jours dans une boîte hermétique.

Glucides
Par biscuit :
0,89 g de glucides et
1,8 g de substituts du sucre.
Charge glycémique :
1.

Galette des rois

Préparation : 1 h 30 • Cuisson : 30 à 40 min • Repos total au frais : 7 h

Pour 6 personnes

* 300 g de *Pâte feuilletée* (p. 33)
* 1 œuf
* 1 fève

Pour la crème frangipane

* 60 g de *Crème pâtissière* (p. 74)
* 50 g de beurre mou
* 1 œuf
* 20 g de Tagatesse
* 50 g de poudre d'amande
* 5 g de farine de blé T55
* 5 g de gluten
* 1 cuil. à café d'arôme naturel d'amande amère

1 *La veille*

— Préparez la pâte feuilletée selon la recette p. 33.

2 *Le jour même*

— Préparez la crème pâtissière selon la recette p. 74. Réservez au réfrigérateur.
— Mélangez la farine de blé et le gluten.
— Coupez le beurre en petits morceaux, mélangez-les à l'aide d'une fourchette avec le Tagatesse, puis ajoutez successivement la poudre d'amande, la farine de blé et le gluten mélangés, l'œuf et l'arôme d'amande amère sans cesser de mélanger avec la fourchette.
— Sortez la crème pâtissière du réfrigérateur et incorporez-la à la crème d'amande avec une spatule en bois. Réservez.
— Préchauffez le four à 175 °C (th. 5-6).

3 — Étalez la pâte feuilletée en une bande de 50 × 18 cm. Laissez reposer quelques minutes, puis soulevez la pâte légèrement pour voir si elle se rétracte. Dans ce cas, étalez-la de nouveau.
— Divisez la pâte feuilletée en 2 rectangles de taille égale.
— Déposez l'un des rectangles sur une plaque recouverte de papier de cuisson et recouvrez de crème frangipane de façon homogène. Laissez 0,5 cm sur les bords pour souder les 2 rectangles. Placez la fève.
— Déposez le deuxième rectangle sur la crème frangipane et soudez les bords avec un peu d'eau en les écrasant. Avec un couteau, striez le dessus de la galette et les bords soudés pour la décoration.
— Avec une fourchette, piquez par endroits la pâte du dessus et badigeonnez avec l'œuf battu pour la dorure.
— Enfournez pour 30 à 40 min.
— Dégustez 20 min après la cuisson pour profiter pleinement du croustillant de la pâte feuilletée.

Glucides
Par personne :
6,68 g de glucides et 4,2 g de substituts du sucre.
Charge glycémique :
4.

VARIANTE

Les personnes friandes d'une galette forte en amande la garniront d'une frangipane réalisée sans crème pâtissière.

À l'heure
du goûter

Muffins
aux pépites de chocolat

Préparation : 20 min • Cuisson : 20 min

Pour 6 muffins

* 40 g de chocolat Ligne Gourmande de Poulain, noir ou lait au choix
* 2 œufs
* 30 g de beurre
* 4 cl de lait
* 4 cl de crème fraîche liquide
* 4 cl d'eau
* 12 g de Tagatesse
* 6 g de xylitol
* 4 g de levure chimique

105 g de composition farineuse

* 30 g de gluten
* 20 g de farine de blé T55
* 10 g de farine de blé T150
* 24 g de farine de coco
* 21 g de farine de lupin

1 — Séparez les blancs des jaunes d'œufs.
— Préparez la composition farineuse et tamisez-la.
— Coupez le chocolat en morceaux de la taille d'une pépite.
— Faites fondre le beurre à feu doux et réservez-le.

2 — Battez les jaunes d'œufs avec le Tagatesse et le xylitol, puis incorporez le beurre fondu.
— Mélangez la composition farineuse et la levure chimique.
— Ajoutez à la préparation à base de jaunes d'œufs, petit à petit, la composition farineuse, le lait et l'eau en alternant.
— Ajoutez les pépites de chocolat, puis incorporez la crème fraîche liquide.

3 — Battez les blancs en neige ferme et incorporez-les en 3 fois à la préparation.
— Préchauffez le four à 175 °C (th. 5-6).
— Remplissez 6 moules à muffins aux 3/4 et enfournez pour 20 à 25 min.

Glucides
Pour 1 muffin :
6 g de glucides et
4,9 g de substituts du sucre.
Charge glycémique :
4 avec le chocolat Ligne Gourmande, et 3 avec le chocolat maison.

Cupcakes à la fraise

Préparation : 40 min • Cuisson : 15 min • Repos total au frais : 1 h 30

Pour 5 cupcakes

* 120 g de *Crème au beurre* (p. 29)
* 1 cuil. à café d'arôme naturel de fraise
* 1 cuil. à café de colorant naturel alimentaire rouge
* 30 g de fraises
* 2 œufs
* 16 g de Tagatesse
* 10 g de xylitol
* 2 g de levure chimique

70 g de composition farineuse

* 16 g de gluten
* 28 g de farine de blé T55
* 10 g de farine de coco
* 16 g de farine de lupin

1 — Préparez la composition farineuse et mélangez-la avec la levure chimique.
— Préchauffez le four à 170 °C (th. 5-6).

2 — Dans le robot pâtissier, battez les œufs avec le Tagatesse et le xylitol jusqu'à ce que la préparation ait triplé de volume, puis incorporez en soulevant délicatement la pâte avec une maryse, la composition farineuse. Remplissez aux 3/4 des moules à muffins et enfournez pour 15 min. Sortez les cupcakes du four et réservez.

3 — Pendant la cuisson, puis le refroidissement, préparez la crème au beurre selon la recette p. 29 en divisant les quantités par 2 et en ajoutant le colorant rouge, puis l'arôme de fraise après incorporation du beurre. Réservez à température ambiante.
— Une fois les biscuits refroidis, remplissez une poche à douille cannelée de crème au beurre. Déposez la crème au beurre sur les biscuits en faisant des cercles de plus en plus petits pour obtenir une pointe en haut. Découpez les fraises en morceaux, puis parsemez-les sur les cupcakes.
— Réservez au réfrigérateur 1 h, puis dégustez.

Variantes

N'hésitez pas à décliner les parfums de la crème au beurre en fonction de vos goûts : chocolat-pistache, vanille-chocolat, menthe-chocolat, etc.

Glucides

Par cupcake :
5,69 g de glucides et
10 g de substituts du sucre.
Charge glycémique :
4.

Pâte à viennoiserie

Préparation : 30 min • Repos total : 7 h

Pour environ 200 g de pâte

* 15 g de beurre doux
* 50 g de beurre de tourage ou à défaut de beurre extra sec
* 1 cl de crème fraîche liquide
* 9 cl d'eau
* 6 g de Tagatesse
* 3 g de xylitol
* 4 g de levure fraîche de boulanger

80 g de composition farineuse

* Varie en fonction des recettes : voir à *Croissants* (p. 146), *Escargots pistache-chocolat* (p. 142), *Pains au chocolat* (p. 147), *Pains aux raisins* (p. 144), *Triangles aux amandes* (p. 132)

1 — Délayez la levure dans l'eau.
— Préparez la composition farineuse et tamisez-la.
— Incorporez-y le Tagatesse, le xylitol, le beurre doux, la levure délayée et la crème fraîche liquide. Pétrissez la pâte jusqu'à la rendre homogène et roulez-la en boule (le pétrissage est important : il faut pétrir jusqu'à ce que la pâte s'étire sans se déchirer ; en fonction de la façon de faire, comptez 8 à 15 min).
— Dans un saladier, couvrez la pâte d'un torchon et laissez-la doubler de volume pendant environ 1 h 30 à température ambiante.
— Dégazez la pâte en l'écrasant avec le poing, puis filmez-la et réservez-la au réfrigérateur pendant 2 h.
— Dégazez-la à nouveau, filmez-la, puis placez-la 30 min au congélateur.

2 — Sortez la pâte et étalez-la en formant un rectangle de 20 × 12 cm.
— Pétrissez la moitié du beurre de tourage, placez-le entre 2 feuilles de film alimentaire et étalez-le en un rectangle très fin, idéalement de la surface des 2/3 de la pâte, soit 13 × 12 cm (vous pouvez sinon placer le rectangle de beurre sur la pâte et, avec un couteau, enlever du beurre sur les parties épaisses et le déposer sur les parties non recouvertes des 2/3 bas du rectangle).
— Pliez le rectangle en 3 en commençant par la partie sans beurre, puis rabattez l'autre extrémité sur cette partie. Effectuez un second tour sans ajouter de beurre : étalez à nouveau la pâte en un rectangle de 20 × 12 cm et refaites le même pliage.
— Réservez au congélateur 30 min, puis 1 h au réfrigérateur.

3 — Sortez la pâte du réfrigérateur et étalez-la en formant un rectangle de 20 × 12 cm ; avec l'autre moitié du beurre de tourage, renouvelez l'opération précédente sans effectuer de second tour, et réservez 30 min au congélateur, puis 1 h au réfrigérateur.
— La pâte est prête à être utilisée.

Glucides

Ils dépendent de la composition farineuse : *se reporter à la recette choisie.*

Bon à savoir

– Vous pouvez préparer la pâte la veille et la laisser au réfrigérateur toute la nuit.

– Faites bien attention au pétrissage, il est fondamental. Au fil des minutes, la texture de la pâte change.

Madeleines

Préparation : 15 min • Cuisson : 10 min • Repos au frais : 2 h

Pour 12 madeleines

* 42 g de beurre
* 3 cl de lait
* 2 cl de crème fraîche liquide
* 1 gros œuf
* 3 cl d'eau
* 16 g de Tagatesse
* 14 g de xylitol
* 4 g de levure chimique

80 g de composition farineuse

* 20 g de gluten
* 18 g de farine de blé T55
* 7 g de farine de blé T150
* 17 g de farine de coco
* 18 g de farine de lupin

1 — Préparez la composition farineuse.
— Mélangez l'œuf avec le Tagatesse et le xylitol jusqu'à ce que le mélange blanchisse légèrement.
— Faites fondre le beurre. Réservez.

2 — Ajoutez le lait, la composition farineuse, la levure chimique et l'eau. Remuez avec un fouet à main jusqu'à ce que le mélange devienne homogène.
— Ajoutez le beurre fondu et mélangez pendant 1 min, puis incorporez délicatement la crème fraîche liquide.
— Couvrez d'un torchon ou d'un film alimentaire et réservez 2 h au réfrigérateur.

3 — Préchauffez le four à 220 °C (th. 6-7).
— Remplissez les moules à ras bord et enfournez pour 5 min, puis 5 min à 180 °C (th. 6). Surveillez bien la cuisson car le Tagatesse a tendance à brunir rapidement ; si c'est le cas, baissez la température à 160 °C (th. 5-6).

Bon à savoir

– Vous pouvez parfumer le mélange Tagatesse-xylitol avec les grains d'une gousse de vanille. Ou bien incorporer dans la pâte des arômes d'orange ou de citron.

– Ne soyez pas surpris : la pâte est très dense.

Glucides

Pour 1 madeleine :
2,27 g de glucides et
2,5 g de substituts du sucre.
Charge glycémique :
2.

Triangles aux amandes

Préparation : 50 min • Cuisson : 25 min • Repos total : environ 8 h

Pour 4 triangles aux amandes

* 200 g de *Pâte à viennoiserie* (p. 130) dont :

80 g de composition farineuse

* 24 g de gluten
* 18 g de farine de blé T55
* 18 g de farine de coco
* 20 g de farine de lupin

Pour la crème d'amande

* 40 g de beurre mou
* 1 œuf
* 15 g de Tagatesse
* 40 g de poudre d'amande
* 2 g de farine de blé T55
* 3 g de gluten
* 1 cuil. à café d'arôme naturel d'amande amère

Pour la dorure

* 1 œuf

1 *La veille*

— Préparez une pâte à viennoiserie selon la recette p. 130.

2 *Le jour même*

— Mélangez la farine et le gluten. Tamisez-les. Réservez.
— Battez légèrement l'œuf sans le faire mousser.
— Dans la cuve du robot pâtissier, coupez le beurre en petits morceaux et fouettez à petite vitesse en ajoutant successivement le Tagatesse, la poudre d'amande, puis le mélange farine-gluten.
— Enfin, ajoutez l'œuf et l'arôme d'amande amère.
— Étalez la pâte à viennoiserie en formant une bande de 40 × 10 cm et coupez-le en 4 carrés. Badigeonnez-les de la crème d'amande en la répartissant de façon homogène, puis pliez-les en 2 afin de former un triangle.
— Laissez reposer 2 h à température ambiante.

3 — Préchauffez le four à 200 °C (th. 6-7).
— Battez l'œuf et badigeonnez-en les triangles à l'aide d'un pinceau.
— Baissez la température du four à 165 °C (th. 5-6) et enfournez pour 25 min.

Variante

Quelques gouttes de rhum dans la crème d'amande et vous voilà proche du pithiviers.

Glucides

Par triangle :
6,82 g de glucides et
6 g de substituts du sucre.
Charge glycémique :
4.

Cake au citron
et son glaçage fondant

Préparation : 30 min • Cuisson : 35 à 40 min

Pour 6 personnes

* 2 œufs
* 45 g de crème fraîche liquide
* 35 g de beurre fondu
* 1 cl d'eau
* 1 citron bio (zeste)
* 1/2 citron (jus)
* 28 g de Tagatesse
* 15 g de xylitol
* 4 g de levure chimique
* 1 cuil. à café d'arôme naturel de vanille
* 1 cuil. à soupe d'huile neutre (pour le moule)

100 g de composition farineuse

* 28 g de gluten
* 17 g de farine de blé T55
* 10 g de farine de blé T150
* 25 g de farine de coco
* 20 g de farine de lupin

Pour le glaçage

* 70 à 85 g de *Glaçage fondant* (p. 28) + 1 cuil. à café d'arôme naturel de citron

1 — Préparez la composition farineuse, puis tamisez-la.
— Préchauffez le four à 180 °C (th. 6).
— Dans un récipient, battez le beurre fondu, le Tagatesse et le xylitol jusqu'à l'obtention d'un mélange homogène.
— Ajoutez les œufs un à un tout en battant. Ajoutez le zeste de citron et l'arôme de vanille, et fouettez le tout.

2 — Mélangez la composition farineuse et la levure.
— Incorporez la préparation à base d'œufs à la composition farineuse en 3 ou 4 fois, en alternant avec la crème fraîche liquide.
— Pressez le 1/2 citron, ajoutez le jus à la préparation et fouettez.
— Huilez un moule à cake de 12 cm de long et versez-y la préparation.
— Enfournez pour 10 min, puis baissez à 170 °C (th. 5-6) et poursuivez la cuisson 25 à 30 min en la contrôlant à l'aide d'un couteau (il doit ressortir propre).

3 — Préparez le glaçage fondant avec un arôme de citron selon la recette p. 28.
— Lorsque le gâteau est tiède, piquez-en toute la surface avec un cure-dent. Étendez et lissez le glaçage avec une cuillère à soupe.
— Dégustez ce gâteau tiède ou à température ambiante ; si vous le mettez au frais, sortez-le du réfrigérateur quelque temps avant de le servir, il n'en sera que plus moelleux.

VARIANTE

Gâteau à l'orange : remplacez les zestes, jus et arôme de citron par des zestes, jus et arôme d'orange.

Glucides

Par personne :
5,64 g de glucides et
15,5 g de substituts du sucre.
Charge glycémique :
4.

Marbré

Préparation : 30 min • Cuisson : 40 à 45 min

Pour 6 personnes

* 2 œufs
* 60 g de beurre
* 6 cl de lait
* 6 cl de crème fraîche liquide entière
* 3 cl d'eau
* 25 g de Tagatesse
* 15 g de xylitol
* 4 g de levure chimique
* 15 g de cacao en poudre non sucré
* 1 cuil. à soupe d'huile (pour le moule)

110 g de composition farineuse

* 35 g de gluten
* 10 g de farine de blé T55
* 20 g de farine de blé T150
* 25 g de farine de coco
* 20 g de farine de lupin

1 — Préparez la composition farineuse.
— Séparez les jaunes des blancs d'œufs.
— Faites fondre le beurre à feu doux et réservez.

2 — Mélangez la composition farineuse avec la levure chimique.
— Fouettez le beurre fondu avec les jaunes d'œufs, le Tagatesse et le xylitol, puis incorporez la farine en pluie. Mélangez, puis ajoutez le lait, l'eau et la crème fraîche liquide.
— Battez les blancs en neige très ferme et ajoutez-les, en 2 ou 3 fois, à la préparation à base de jaunes d'œufs en les incorporant à l'aide d'une maryse, en tournant toujours dans le même sens.
— Préchauffez le four à 175 °C (th. 5-6).

3 — Divisez la pâte en 2 portions et incorporez à l'une d'entre elles le cacao en poudre.
— Graissez un cercle à pâtisserie (Ø 15 à 18 cm, ou un moule à cake de 12 cm de long) et versez-y les préparations en alternant les couches de pâtes au chocolat et nature.
— Enfournez pour 40 à 45 min et vérifiez la cuisson du gâteau en le piquant au centre avec la pointe d'un couteau (elle doit ressortir propre quand le gâteau est cuit).

Bon à savoir

– Pour des marbrures plus prononcées : une fois les 2 pâtes versées dans le moule, enfoncez verticalement une maryse à différents endroits.

– Pour un marbré design : vous pouvez verser 2 cuil. à soupe de chaque préparation au milieu du moule en alternant les préparations. Vous obtiendrez un marbré en cercle.

Glucides

Par personne :
6,30 g de glucides et
6,67 g de substituts du sucre.
Charge glycémique :
3.

Cookies

Préparation : 20 min • Cuisson : 15 min

Pour 10 cookies

* 1 œuf
* 70 g de beurre
* 2 cl de crème fraîche liquide
* 2 cl d'eau
* 14 g de Tagatesse
* 10 g de xylitol
* 6 g de levure chimique
* 30 g de chocolat au lait Ligne Gourmande de Poulain

125 g de composition farineuse

* 35 g de gluten
* 10 g de farine de blé T55
* 22 g de farine de blé T150
* 23 g de farine de coco
* 35 g de farine de lupin

1 — Préparez la composition farineuse, puis tamisez-la.
— Coupez le chocolat en pépites pas trop grosses, sinon le façonnage du cookie sera compliqué.
— Mélangez la composition farineuse avec le Tagatesse, le xylitol et la levure chimique.
— Faites fondre le beurre délicatement sans trop le faire chauffer, puis ajoutez-y l'œuf en battant avec un fouet à main.
— Incorporez ce mélange à la composition farineuse à l'aide d'une spatule en bois ou d'une maryse en n'hésitant pas à « écraser » la pâte, puis ajoutez l'eau et la crème fraîche liquide sans trop mélanger.

2 — Ajoutez les pépites de chocolat et remuez délicatement, finissez de mélanger à la main de façon à former une grosse boule (ne pétrissez pas trop la pâte).

3 — Formez 10 palets de 4 à 5 cm de diamètre en les serrant entre vos mains de façon à leur donner une forme bombée sur le dessus, sans trop les écraser (la partie bombée ne doit pas dépasser 0,5 cm d'épaisseur).
— Déposez-les sur une plaque recouverte de papier de cuisson et finissez de les façonner si nécessaire.
— Préchauffez le four à 165 °C (th. 5-6) et laissez reposer la pâte le temps du préchauffage.
— Enfournez pour 15 min, puis laissez refroidir avant dégustation.

Variantes

On peut réaliser une grande variété de cookies : tout chocolat, aux noix de pécan, à la poudre d'amande... Dans ce cas, pensez à recalculer le taux de glucides (voir p. 15).

Glucides

Par cookie :
3,75 g de glucides et 3,68 g de substituts du sucre.
Charge glycémique :
3 avec le chocolat Ligne Gourmande, et 2 avec le chocolat maison.

Petits flans
façon *pasteis de nata*

Préparation : 50 min • Cuisson : 30 à 40 min • Repos total au frais : 7 h

Pour 10 flans

* 300 g de *Pâte feuilletée* [p. 33]
* 4 œufs [3 jaunes + 1 entier]
* 30 cl de lait entier
* 35 g de Tagatesse
* 25 g de xylitol
* 1 gousse de vanille

25 g de composition farineuse
* 6 g de gluten
* 16 g de farine de blé T55
* 3 g de farine de coco

1 *La veille*

— Préparez la pâte feuilletée selon la recette p. 33.

2 *Le jour même*

— Préparez la composition farineuse.
— Étalez la pâte feuilletée en formant un rectangle de 50 × 20 cm.
— Découpez 10 disques [Ø 10 cm] et déposez-les dans des moules individuels [Ø environ 5 cm, et 2,5 cm de profondeur].
— Préchauffez le four à 165 °C [th. 5-6].

3 — Battez légèrement les jaunes d'œufs et l'œuf entier à la fourchette. Réservez.
— Mélangez la composition farineuse avec le Tagatesse.
— Mélangez dans une casserole le lait, le xylitol, les grains de la gousse de vanille et l'écorce de vanille. Portez à ébullition, puis retirez du feu.
— Enlevez la gousse de vanille, ajoutez en filet les œufs battus tout en remuant, puis la composition farineuse. Laissez refroidir.
— Versez la préparation dans les moules sur la pâte feuilletée et enfournez pour 35 à 40 min.

Astuce

Pour les amateurs d'une crème plus dense et ferme, ajoutez 1 ou 2 g d'agar-agar dans le lait avant ébullition.

Glucides

Par flan :
5,55 g de glucides et
6 g de substituts du sucre.
Charge glycémique :
3.

Cannelés

Préparation : 15 min • Cuisson : environ 1 h • Repos au frais : 1 h

Pour 10 cannelés

* 30 g de beurre
* 25 cl de lait
* 2 œufs (1 entier + 1 jaune)
* 50 g de Tagatesse
* 10 g de xylitol
* 1 cuil. à café de rhum
* 1 cuil. à café d'arôme naturel de vanille

50 g de composition farineuse
* 10 g de gluten
* 25 g de farine de blé T55
* 15 g de farine de lupin

1 — Dans une casserole, chauffez le lait sans le faire bouillir avec le beurre coupé en morceaux.

2 — Battez ensemble l'œuf, le jaune d'œuf, le Tagatesse et le xylitol jusqu'à ce que le mélange blanchisse, puis incorporez la composition farineuse avec un fouet jusqu'à l'obtention d'une pâte homogène et lisse. Versez le lait chaud petit à petit en mélangeant sans cesse avec le fouet à main.
— Laissez reposer 1 h au réfrigérateur.
— Préchauffez le four à 250 °C (th. 8-9).

3 — Sortez la pâte du réfrigérateur et ajoutez le rhum et l'arôme de vanille. Mélangez.
— Remplissez aux 3/4 10 moules à cannelés et enfournez pour 6 min à 250 °C (th. 8-9), ouvrez quelques secondes la porte du four, baissez la température à 175 °C (th. 5-6), puis poursuivez la cuisson pendant encore 50 à 55 min.
— Sortez les cannelés du four, attendez quelques minutes avant de démouler.
— Réservez au réfrigérateur ou mangez-les tièdes, ils seront encore meilleurs.

Bon à savoir

– La cuisson des cannelés est assez compliquée : si, après avoir refroidi, la couche extérieure n'est pas assez craquante ou s'ils ne sont pas assez cuits à l'intérieur, préchauffez le four à 180 °C (th. 6), puis enfournez-les sur une plaque recouverte de papier de cuisson pendant 10 à 15 min. Surveillez la cuisson afin qu'ils ne brûlent pas.

– Les cannelés doivent être conservés au frais pour que le caramel ne ramollisse pas.

Glucides
Par cannelé :
3,20 g de glucides et
6 g de substituts du sucre.
Charge glycémique :
2.

Escargots pistache-chocolat

Préparation : 1 h 15 • Cuisson : 25 à 30 min • Repos total : environ 8 h

Pour 5 escargots

* 200 g de *Pâte à viennoiserie* (p. 130) dont :

80 g de composition farineuse

* 22 g de gluten
* 25 g de farine de blé T55
* 14 g de farine de coco
* 19 g de farine de lupin

Pour la crème

* 150 g de *Crème pâtissière* (p. 74)
* 1 cuil. à café de colorant naturel alimentaire vert
* 1 cuil. à café d'arôme naturel de pistache
* 30 g de chocolat noir Ligne Gourmande de Poulain

Pour la dorure

* 1 œuf

Glucides

Par escargot :
6,96 g de glucides et 6,13 g de substituts du sucre.
Charge glycémique :
5 avec le chocolat Ligne Gourmande, et 4 avec le chocolat maison.

1 *La veille*

— Préparez la crème pâtissière selon la recette p. 74 en ajoutant le colorant vert et l'arôme de pistache avant incorporation du beurre de cacao, et réservez au réfrigérateur.
— Cassez le chocolat en pépites et réservez au réfrigérateur.
— Préparez la pâte à viennoiserie selon la recette p. 130.

2 *Le jour même*

— Étalez la pâte en formant un rectangle de 30 × 12 cm.
— Badigeonnez-le de crème pâtissière aromatisée à la pistache, puis parsemez la crème des pépites de chocolat.
— Roulez le rectangle, comme un gâteau roulé, dans le sens de la largeur, afin d'obtenir une bûche de 12 cm de long.
— Découpez-la en 5 tranches, puis déposez-les sur une plaque recouverte de papier de cuisson.
— Laissez reposer 2 h à température ambiante.

3 — Préchauffez le four à 200 °C (th. 6-7).
— Battez l'œuf et badigeonnez-en les escargots.
— Baissez la température du four à 165 °C (th. 5-6) avant d'enfourner pour 25 à 30 min.

VARIANTE

Les fans de *Praliné* (p. 22) pourront en ajouter jusqu'à 60 g dans la crème pâtissière !

Pensez-y!
S'il en reste, que faire ?

Voici quelques idées de conservation ou d'utilisation des restes de crème ou de pâte que génère la confection de desserts :

* **Les pâtes brisée, feuilletée ou sablée** (pp. 32, 33, 34 et 42) : elles se congèlent crues et se décongèlent au réfrigérateur.

* **La pâte à choux** (p. 104) : elle supporte mal la congélation, aussi est-il préférable de cuire les choux avant de les congeler. N'hésitez donc pas à préparer vos choux à l'avance, ainsi vous gagnerez du temps.

* **La mousse au chocolat** (pp. 95 et 96) : lors de la préparation du *Croustillant aux deux chocolats* (p. 79), il vous restera de la mousse au chocolat noir et au lait. Remplissez des verrines d'un duo de mousses qui pourront accompagner ultérieurement un petit café. Ne les conservez pas plus de 48 h au réfrigérateur.

* **La crème Chiboust** (p. 115) : dégustée telle quelle, à la petite cuillère, c'est un régal ! Mais vous pouvez également la saupoudrer de Tagatesse avant de la faire caraméliser au chalumeau : vous obtiendrez ainsi une délicieuse crème caramélisée.

* **La crème pâtissière** (p. 74) : elle supporte très bien la congélation. Placez-la dans des ramequins recouverts de film alimentaire. Vous pouvez aussi en faire une crème dessert en l'aromatisant : par exemple, en y incorporant un reste de *Pralin* (p. 22), vous obtiendrez de succulentes crèmes pralinées. Et pour un résultat encore plus aérien, mélangez-la à de la *Crème fouettée* (p. 114).

Pains aux raisins

Préparation : 1 h 15 • Repos total : 8 h • Cuisson : 25 à 30 min

Pour 6 pains

* 200 g de *Pâte à viennoiserie* (p. 130) dont :

80 g de composition farineuse
* 22 g de gluten
* 24 g de farine de blé T55
* 14 g de farine de coco
* 20 g de farine de lupin

Pour la crème
* 130 g de *Crème pâtissière* (p. 74)
* 12 g de raisins secs
* 1 à 2 cuil. à café de rhum

Pour la dorure
* 1 œuf

1 *La veille*
— Préparez une pâte à viennoiserie selon la recette p. 130.
— Préparez la crème pâtissière selon la recette p. 74 et réservez-la au réfrigérateur.

2 *Le jour même*
— Faites tremper les raisins secs 15 min dans un peu d'eau additionnée de rhum.
— Étalez la pâte en formant un rectangle de 30 × 12 cm.
— Badigeonnez-le de crème pâtissière ; égouttez les raisins secs et parsemez-les sur la crème.
— Roulez le rectangle sur lui-même (comme pour un gâteau roulé) dans le sens de la largeur, afin d'obtenir un cylindre de 12 cm de long.
— Découpez-le en 6 tranches et déposez-les sur une plaque recouverte de papier de cuisson.
— Laissez reposer 2 h à température ambiante.

3 — Préchauffez le four à 200 °C (th. 6-7).
— Battez l'œuf et badigeonnez-en les pains aux raisins.
— Baissez la température du four à 165 °C (th. 5-6) avant d'enfourner les pains aux raisins pour 25 à 30 min jusqu'à ce qu'ils soient dorés.

Astuce

Afin de limiter la charge glucidique, j'ai réduit la quantité de raisins ; pour un goût plus prononcé de raisins secs, n'hésitez pas à parfumer la crème pâtissière avec un peu d'arôme de raisin.

Glucides
Par pain aux raisins :
6,63 g de glucides et
3,4 g de substituts du sucre.
Charge glycémique :
4.

Croissants

Préparation : 45 min • Cuisson : 25 min • Repos total : 8 h

Pour 4 croissants

* 200 g de *Pâte à viennoiserie* (p. 130) dont :

80 g de composition farineuse
* 22 g de gluten
* 28 g de farine de blé T55
* 14 g de farine de coco
* 16 g de farine de lupin

Pour la dorure
* 1 œuf

1 *La veille*

— Préparez une pâte à viennoiserie selon la recette p. 130.

2 *Le jour même*

— Étalez la pâte en formant un parallélogramme et découpez 4 triangles (voir schéma ci-dessous).
— Au milieu de la base de chaque triangle, faites une encoche de 1 cm avec un couteau et roulez le triangle en partant de la base pour former les croissants.
— Déposez-les sur une plaque recouverte de papier de cuisson et laissez reposer 2 h à température ambiante.

3 — Préchauffez le four à 200 °C (th. 6-7).
— Battez l'œuf et badigeonnez-en les croissants à l'aide d'un pinceau. Ne dorez pas les jointures afin d'avoir un croissant avec des nuances de couleurs.
— Baissez la température du four à 165 °C (th. 5-6) et enfournez pour 25 min.

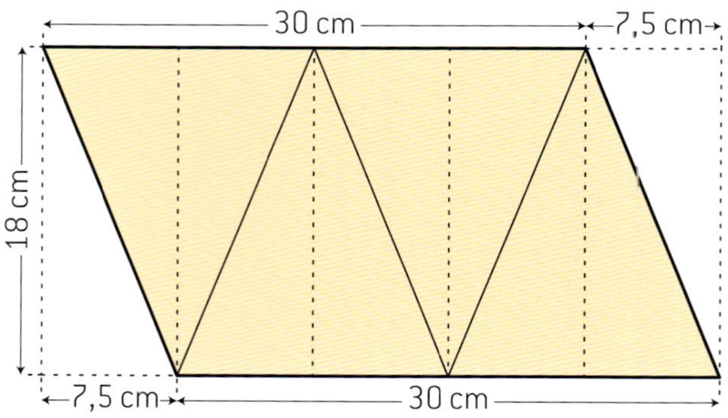

Glucides

Par croissant :
6,87 g de glucides et
2,25 g de substituts du sucre.
Charge glycémique :
4.

Pains au chocolat

Préparation : 45 min • Cuisson : 25 min • Repos total : environ 8 h

Pour 4 pains au chocolat

* 50 g de chocolat noir Ligne Gourmande de Poulain
* 200 g de *Pâte à viennoiserie* (p. 130) dont :

80 g de composition farineuse

* 23 g de gluten
* 23 g de farine de blé T55
* 16 g de farine de coco
* 18 g de farine de lupin

Pour la dorure

* 1 œuf

1 *La veille*

— Préparez une pâte à viennoiserie selon la recette p. 130.

2 *Le jour même*

— Étalez la pâte en formant un rectangle de 30 x 15 cm.
— Déposez le rectangle sur une plaque recouverte de papier de cuisson.
— Hachez le chocolat noir et déposez-le sur toute la longueur du rectangle en formant une bande centrale de 1 ou 2 cm.
— Roulez le rectangle, dans le sens de la longueur, en laissant un jour, un peu comme un tunnel, et aplatissez-le sans l'écraser. La jointure doit être posée sur le papier de cuisson. Vous obtenez ainsi un rectangle de la largeur d'un pain au chocolat.
— Détaillez-le en 4 parts égales et espacez-les sur la plaque de cuisson.
— Laissez reposer 2 h à température ambiante.

3 — Préchauffez le four à 200 °C (th. 6-7).
— Battez l'œuf et badigeonnez-en les pains au chocolat.
— Baissez la température du four à 165 °C (th. 5-6) avant d'enfourner pour 25 min.

Glucides

Par pain au chocolat :
6,72 g de glucides et 5,83 g de substituts du sucre.
Charge glycémique :
6 avec le chocolat Ligne Gourmande, et 4 avec le chocolat maison.

Brioches individuelles

Préparation : 40 min • Repos au frais : au moins 4 h • Cuisson : 20 à 25 min

Pour 190 g de pâte, soit 4 brioches

* 40 g de beurre
* 1 œuf
* 4 g de levure fraîche de boulanger
* 3,5 cl d'eau
* 8 g de Tagatesse
* 3 g de xylitol

85 g de composition farineuse
* 25 g de gluten
* 25 g de farine de blé T55
* 17 g de farine de coco
* 18 g de farine de lupin

1 *La veille ou le matin même*

— Préparez la composition farineuse.

— Dans le bol d'un robot équipé du crochet pétrin, tamisez la composition farineuse, émiettez la levure fraîche, ajoutez le Tagatesse, le xylitol, l'œuf et l'eau, puis pétrissez jusqu'à ce que la pâte se décolle des parois.

— Incorporez le beurre à température ambiante en pétrissant à nouveau jusqu'à ce que la pâte soit élastique et ne se déchire pas quand vous l'étirez. Comptez 15 à 20 min de pétrissage.

— Placez la pâte dans un saladier et couvrez-la avec un torchon, puis attendez qu'elle double de volume en la laissant reposer 1 h 30 à température ambiante près d'une source de chaleur ou dans un four sur la position « étuve ».

2 — Dégazez-la avec le poing, puis pétrissez-la à nouveau pendant environ 30 s.

— Placez-la au réfrigérateur pendant au moins 4 h, voire toute la nuit.

3 *Le jour même*

— Divisez la pâte en 4 pâtons de taille identique.

— Roulez en boule les pâtons avec la paume de la main sans écraser la pâte.

— Déposez-les sur une plaque recouverte de papier de cuisson. Laissez reposer 2 h.

— Préchauffez le four à 200 °C (th. 6-7). Pendant ce temps, dorez les pâtons avec l'œuf.

— Baissez la température du four à 165 °C (th. 5-6) avant d'enfourner pour 20 à 25 min.

Bon à savoir

Faites bien attention au pétrissage, il est fondamental. Au fil des minutes, la texture de la pâte change. Une brioche ratée résulte bien souvent d'un mauvais pétrissage.

Variantes

Vous pouvez incorporer 25 g de pépites de chocolat Ligne Gourmande de Poulain ou 8 g de raisins secs.

Glucides

Par brioche :
6,48 g de glucides et 2,75 g de substituts du sucre.

Charge glycémique :
4 nature, 5 aux pépites de chocolat, et 5 aux raisins.

Remerciements

Je souhaite adresser mes plus vifs remerciements à :

Mes enfants, Élisa et Tom, et mon mari qui, durant ces deux années de tests, m'ont soutenue et encouragée.

Mes parents et beaux-parents, mais surtout ma mère et ma belle-mère, pour les nombreux tests de goût et d'impact sur leur glycémie qu'elles ont bien voulu effectuer.

Mes amis et collègues, pour leur enthousiasme, leur soutien de tous les jours et leurs précieux conseils par moments.

Au docteur Senninger, pour l'intérêt spontané qu'il a porté à ce projet et pour le temps qu'il y a consacré.

À Laure Paoli et Véronique Galland d'Albin Michel, pour leur accompagnement, leur professionnalisme et surtout leur sympathie constante.

Merci à vous tous de m'avoir accompagnée lors de cette magnifique aventure !

Pour contacter l'auteur

Pour contacter l'auteur, avoir de plus amples informations sur les recettes ou visionner les vidéos de certaines réalisations techniques :

www.lapatisseriepourdiabetiques.com

Adresses

Ces adresses ne sont pas exhaustives. Elles sont données à titre indicatif. On trouve la plupart de ces produits dans les magasins bio.

– **Chocolat Ligne Gourmande de Poulain** :
grandes surfaces alimentaires

– **Farine de blé intégrale T150 Priméal** :
www.greenweez.com

– **Farine de coco Biosagesse d'Écoidées** :
www.greenweez.com

– **Farine de lupin Priméal** :
www.greenweez.com

– **Gluten pur Priméal** :
www.greenweez.com

– **Isomalt** :
www.cuisineaddict.com ;
www.gourmandises-guydemarle.com ;
groupe Metro

– **Tagatesse Damhert Nutrition** :
www.damhert.be ;
www.newpharma.fr ;
Les Nouveaux Robinsons, 30 avenue de Flandre, 75019 Paris

– **Xylitol GPH Diffusion** :
magasins bio

Index des recettes par quantité de glucides

Équivalence avec un yaourt nature classique non sucré de 125 g à 4,8 % de glucides, soit 6 g de glucides calculé par portion ou par biscuit/viennoiserie

Les recettes suivies de (V) sont des variantes.

Moins de 1/2 yaourt nature de 125 g

De 1/2 yaourt à 1 yaourt de 125 g

De 1 yaourt de 125 g à 1 yaourt de 145 g

Index des recettes par impact sur la glycémie

Les recettes libellées « avec chocolat maison » sont les mêmes qu'avec le chocolat Ligne Gourmande de Poulain. Lorsque vous souhaitez réaliser une de ces recettes, remplacez juste le chocolat Ligne Gourmande de Poulain par la même quantité de chocolat maison que vous aurez préalablement préparé (voir pp. 25 et 26).

Les recettes suivies de (V) sont des variantes.

Charge glycémique par portion ou par biscuit : 1

Impact équivalent à une portion de haricots verts, ou environ 1/5 de morceau standard de sucre

Charge glycémique par portion ou par biscuit : 2

Impact équivalent à environ 1/2 morceau standard de sucre ou 1 yaourt nature allégé

Charge glycémique par portion ou par biscuit : 3

Impact équivalent à un yaourt nature sans sucre de type yaourt brassé au goût bulgare

Charge glycémique par portion ou par biscuit : 4

Impact équivalent à une portion de 100 g de lentilles vertes, ou 10 cl de lait de soja

Charge glycémique par portion ou par biscuit : 5

Impact équivalent à une portion de petits pois frais, ou 100 g de pomme (une pomme pèse en moyenne 150 g)

Charge glycémique par portion ou par biscuit : 6

Impact équivalent à une portion de haricots blancs, ou 1 yaourt aux fruits non sucré, ou 100 g de germes de soja

Charge glycémique par portion ou par biscuit : 7

Index alphabétique des recettes

Les recettes suivies de (V) sont des variantes.

Ouvrage publié sous la direction de Laure Paoli

Coordination éditoriale : Véronique Galland
Relectures et corrections : Cécile Chavent, Alice Breuil
Conception graphique : Stéphanie Le Bihan
Mise en pages : Bénédicte Chantalou (Yuruga)

Éditions Albin Michel
22, rue Huyghens, 75014 Paris
www.albin-michel.fr
ISBN : 978-2-226-25732-1
N° d'édition : 21611/03 – N° d'impression : 83931
Dépôt légal : mars 2015
Imprimé en France par Pollina.